D1620707

Mariya Slavova

Erfolgreich an der Spitze eines namhaften Unternehmens

Eine empirische Studie – Bulgarien und Österreich im Vergleich

Diplomica Verlag GmbH

Slavova, Mariya: Erfolgreich an der Spitze eines namhaften Unternehmens: Eine empirische Studie – Bulgarien und Österreich im Vergleich.
Hamburg, Diplomica Verlag GmbH 2013

Buch-ISBN: 978-3-8428-9756-4
PDF-eBook-ISBN: 978-3-8428-4756-9
Druck/Herstellung: Diplomica® Verlag GmbH, Hamburg, 2013

Bibliografische Information der Deutschen Nationalbibliothek:
Die Deutsche Nationalbibliothek verzeichnet diese Publikation in der Deutschen Nationalbibliografie; detaillierte bibliografische Daten sind im Internet über http://dnb.d-nb.de abrufbar.

© Diplomica Verlag GmbH
Hermannstal 119k, 22119 Hamburg
http://www.diplomica-verlag.de, Hamburg 2013
Printed in Germany

Inhaltsverzeichnis

1. Einleitung

Die ständig wechselnden Anforderungen an Führungskräfte und Organisationen sind oft auch mit einer sehr dynamischen Entwicklung der Karriere verbunden.[1] Während es für familienbezogene Mitarbeiter[2] undenkbar ist, Überstunden zu leisten und im Gegensatz dazu das Privatleben zu vernachlässigen, zählen für das Top-Management oft andere Werte. Die Zusatzarbeit, die von den Führungskräften geleistet wird, um ihren professionellen Aufstieg zu ermöglichen, geht oft über Grenzen hinaus, die mit der gesunden Balance zum Privatleben nicht mehr in Einklang stehen. Anerkennung, Ansehen, Status und Macht sind meistens Werte, die für die Führungsebene ganz große Wichtigkeit haben. Daher gewinnt die Bedeutung der Karriere immer mehr an Macht in unserer modernen Gesellschaft. Die Karriere kann sich heutzutage in den Erwartungen der Menschen widerspiegeln.[3] Sie beinhaltet die Entwicklung von Fertigkeiten und Expertisen sowie die Entwicklung der Fähigkeit zu lernen, ohne dabei an eine bestimmte Organisation gebunden zu sein.[4] Artur Hall und Lawrence (1989) legen die Begrifflichkeit der Karriere folgendermaßen fest: "Our adopted definition of career is the evolving sequence of a person´s work experiences over time. A central theme in this definition is that of work and all that work can mean for ways in which we see and experience other people, organizations and society. However, equally central to this definition is the theme of time, along which the career provides a moving perspective [...]."[5] Wer eine Karriere gemacht hat, steht als Symbol für Geld, Macht und Erfolg und erfüllt für viele eine Vorbildfunktion.[6]

Zwischen den unterschiedlichen Kulturen existieren auch unterschiedliche Auffassungen, was Karriere bedeutet. So kann es sein, dass darunter in den westlichen Kulturen nicht unbedingt ein beruflicher Aufstieg verstanden wird, sondern allgemein eine berufliche Entwicklung.[7] Wichtig zu erwähnen bleibt jedoch, dass die meisten Menschen Karriere mit einem Vorwärtskommen im Berufsleben verbinden. Überdies gehören aber auch die Bewegungen in andere Richtungen ebenso zum Verlauf der Karriere. Zusammenfassend lässt sich Karriere als ein "sequence of positions occupied by a person during the course of a lifetime"[8] beschreiben.

---

[1] vgl. Kuijpers/Scheerens, 2006, S. 306f
[2] Alle Bezeichnungen in diesem Buch, die der besseren Lesbarkeit wegen ausschließlich in der männlichen Form verwendet wurden, gelten sinngemäß auch in der weiblichen Form.
[3] vgl. King, 2003, S. 5
[4] vgl. Weinert, 2004, S. 24
[5] Arthur/Hall/Lawrence, 1989, S. 8
[6] vgl Strunk, 2005, S. 244
[7] vgl. Iellatchitch/Mayrhofer/Meyer, 2003, S. 730
[8] Super, 1980, S. 282

Welche Karriere auch immer Führungskräfte verfolgen, sie müssen bedenken, dass sie als solche eine Vorbildfunktion im Unternehmen haben und die restlichen Mitarbeiter jedes Verhalten beobachten und bewerten. "It is important to get a sense of destiny early in a career and try to behave in a manner which is at all times appropriate to the role of being a leader."[9] Es wird schlussendlich einem selbst überlassen, inwieweit er bereit ist, sein Verhalten, sein Leben und seine Ziele für die Karriere zu opfern.[10]

1.1. Problemstellung und Forschungsfrage

Die Globalisierung stellt zunehmend immer mehr Unternehmen vor die Herausforderung, sich proaktiv mit der Suche und Auswahl von qualifizierten Führungskräften zu beschäftigen. Vorstände und Manager werden immer mehr als "Global Players" gefragt, die auch über ausgeprägte interkulturelle Kompetenz verfügen.[11] Die stärker werdende direkte Konkurrenz zwingt Organisationen dazu, sich permanent zu wandeln, um mit den neuen Veränderungen Schritt halten zu können und sich durch zahlreiche Verbesserungen an neue Umweltbedingungen anzupassen.[12] Das neue Arbeitsleben bringt mehr Destabilisierung. Es ist komplexer und diversifizierter, aber es ist auch mit vielen Chancen und grenzenlosen Möglichkeiten der Entwicklung verbunden.[13] Die Veränderung von Strategien, die Neugestaltung von Abläufen sowie die Optimierung von Qualitätsprozessen sind notwendig, um sich langfristig am Markt durchsetzen zu können und erfolgreich zu sein. "To prepare for change, organizations need commited people, […]."[14] Daher ist es wichtig, eine Situation zu erkennen, wenn möglich eine Entwicklung zu prognostizieren, um die Auswahl von Führungskräften entsprechend den Anforderungen anzupassen, sowie gezielte Trainings für Führungsnachwuchskräfte durchzuführen.[15] Häufig kann beobachtet werden, dass sich in Notsituationen viele Führungskräfte als ungeeignet herausstellen[16], indem sie den immer stärker werdenden Anforderungen nicht gerecht werden. Meistens sind die Manager, die es bis in die oberste Stufe schaffen, sehr begabt, fähig, intelligent, und sie arbeiten hart an ihrem Erfolg. Dennoch können sie scheitern, weil sie nicht auf diese Herausforderung vorbereitet sind.[17] Die Führungskraft ist gefordert, ein hohes Maß an Belastbarkeit und Innovationsbereitschaft nachzuweisen, um mit dem Konkurrenzdruck fertig werden zu können.[18] Eine Vielfalt

---

[9] Levicki, 1998, S. 43
[10] vgl. Lazarova/Cerdin, 2007, S. 412
[11] vgl. Schroll-Machl, 2009, S. 167
[12] vgl. Clark, 1996, S. 22
[13] vgl. Weinert, 2004, S. 38
[14] Clark, 1996, S. 8
[15] vgl. v. Rosenstiel, 2004, S. 30
[16] vgl. Levicki, 1998, S. 31
[17] vgl. Ciampa, 2005, S. 165
[18] vgl. v. Rosenstiel, 2004, S. 34

von Kompetenzen, die eine Führungskraft nachweisen muss, um einen Betrieb oder einfach nur ein Team erfolgreich führen zu können, kann man sich nicht von heute auf morgen aneignen. Selbst erfahrene Manager scheitern oft daran, wenn sie eine ganze Organisation führen sollen. Daher stoßen insbesondere Neulinge schnell an ihre Grenzen.[19] Oft liegt der Erfolg einer Führungskraft in der Natur des Menschen, unabhängig von seiner Herkunft und seinen Kenntnissen. "If people are capable of learning from their experiences, they can acquire leadership."[20] Nichtsdestotrotz sind kulturelle Unterschiede sowie sozialökonomischer Background nicht zu unterschätzen, da sie eine zukunftsrelevante Auswirkung auf die Entwicklung der Karriere haben können.[21] Falls es nicht nur in der Natur des Menschen liegt, stellt sich die Frage, inwieweit sich eine Führungskraft entwickeln und durch Bildung und Erfahrung zum Erfolg des Unternehmens beitragen kann.

Was sind also die Gründe einer solchen erfolgreichen Führung, die sich schlussendlich auch in der Karriere des Top-Managements widerspiegeln? Welche Karriereschritte muss eine Führungskraft durchlaufen, um zum Erfolg zu gelangen? Mit welchen Hindernissen werden Unternehmen bei der Suche, Auswahl und Weiterentwicklung von Führungskräften konfrontiert, besonders wenn es darum geht, einer Führungskraft Aufstiegsmöglichkeiten anzubieten? Wie verlaufen schlussendlich die Karrieren dieser Executives und was kann sie sowohl positiv als auch negativ beeinflussen? Das sind Fragen, die es im Laufe dieser Studie zu beantworten gilt. Weiters werden anhand biografischer Fragen bulgarische und österreichische Führungskräfte über ihren Karriereverlauf interviewt, um dabei festzustellen, ob es kulturelle Unterschiede in Bezug auf den Erfolg gibt. Dabei wird kein Fokus auf eine Branche oder Funktion gelegt. Der empirische Teil soll zeigen, ob die abgebildete Theorie tatsächlich auch in der Praxis zu finden ist.

In Anbetracht des oben geschilderten Problemhintergrundes lautet die Forschungsfrage, die in dieser Studie beantwortet werden soll, demnach:

„Wodurch unterscheiden sich die Karrierewege der Führungskräfte in Bulgarien und Österreich und welche Einflussfaktoren lassen sich dabei erkennen?"

Um das Buch so gut wie möglich praxisbezogen zu gestalten, wird nachstehend auf ausführliche Begriffserläuterungen verzichtet. Vielmehr geht es darum festzustellen, ob die Ergebnisse des

---

[19] vgl. Ciampa, 2005, S. 147
[20] Northouse, 2010, S. 43
[21] vgl. Stead, 2004, S. 390

empirischen Teiles in den jeweiligen untersuchten Ländern eindeutige Unterschiede zu der Theorie sowie auch im Ländervergleich aufweisen.

1.2. Zielsetzung und Aufbau der Studie

Um die Forschungsfrage beantworten zu können, wurde sowohl die Auswertung von Sekundärdaten herangezogen, als auch die vorhandene Fachliteratur, Sammelwerke, zahlreiche wissenschaftliche Journale und Online-Datenbanken in Bulgarien und Österreich. Weiters wurden auch Artikel führender internationaler Wirtschaftszeitungen verwendet, um die Aktualität der Informationen zu bewahren und so einen ausgeglichenen Mix an Daten zu erlangen.

Nach einer kurzen Einführung in das Thema und einem Überblick über den Aufbau der Studie gliedert sich das Buch in einen theoretischen und einen praxisbezogenden Teil, die jeweils in einem eigenen Hauptkapitel erarbeitet werden. Im ersten Hauptkapitel (siehe Kapitel 2) wird die Theorie erläutert, die sich aus jeweils drei untergeordneten Kapiteln zusammensetzt. In den ersten zwei Unterkapiteln werden die Themen Suche und Auswahl und Anforderungen an Führungskräfte und ihre Entwicklung näher beleuchtet, wobei beide Länder Bulgarien und Österreich getrennt voneinander betrachtet werden. Im dritten und letzten theoriebezogenen Unterkapitel werden die Karrieremodelle aus den jeweiligen Ländern abgebildet. Zu diesem Zweck wurde auch die länderspezifische Fachliteratur verwendet sowie eine Reihe von internationalen Studien und wissenschaftlichen Artikeln.

Das zweite Hauptkapitel (siehe Kapitel 3) zeigt die Ergebnisse einer empirischen Untersuchung, die zum Zweck dieses Buches durchgeführt wurde. Die zusätzliche Erhebung von Daten aus jeweils 10 Interviews mit bulgarischen und österreichischen Führungskräften soll weiteren realitätsnahen Bezug schaffen. Dazu dient ein zusammengestellter Katalog aus Fragen, die sowohl auf den sozialen Hintergrund und die Schulkenntnisse, als auch auf die wesentlichen Schritte und Einflussfaktoren auf die Karriere in dem jeweiligen Land eingehen. Alle 8 Fragen aus dem Fragebogen wurden einzeln ausgewertet und in je einem Unterkapitel präsentiert. Pro Frage wurden die Ergebnisse zuerst pro jeweiliges Land und anschließend in einer Gegenüberstellung beider Länder ausgewertet. Darüber hinaus wurde auch immer der Bezug zu der jeweiligen Landesliteratur gehalten. Um einen direkten Vergleich der Länder sicherzustellen, wurde je Frage anschließend die Auswertung der beiden Länder zusammen abgebildet und erläutert.

Die Begriffe Karriere und Laufbahn werden synonym verwendet. Im Rahmen des Theorieteils wurde darauf verzichtet, die Unterschiede zwischen Frauen und Männern in dem jeweiligen Kapitel zu durchleuchten. Dies aus dem einfachen Grund, um die Komplexität der Studie nicht zusätzlich zu erhöhen. Da es sich beim empirischen Teil um eine qualitative Forschung handelt, bei der lediglich insgesamt 20 Führungskräfte und deren Entwicklung in die Untersuchung einbezogen wurden, wird primär bei der Auswertung je Frage auf die Unterscheidung zwischen männlichen und weiblichen Probanden eingegangen. In weiterer Folge wird dann beim Vergleich der Länder auf die Unterschiede zwischen den Geschlechtern verzichtet. Im anschließenden Fazit (siehe Kapitel 4) findet eine Zusammenfassung der Ergebnisse aus dem empirischen Teil statt. Dabei wird auch auf die Beantwortung der Forschungsfrage eingegangen.

Darauffolgend wird im Kapitel 5 die Schlussfolgerung dieser Studie dargestellt, die sowohl auf der Theorie als auch auf der Empirie basiert. Daraus folgen wichtige Informationen für Unternehmen, die nicht nur die Wettbewerbsfähigkeit meistern und dem Globalisierungsdruck erfolgreich standhalten wollen, sondern auch Führungskräfte langfristig binden möchten.

Dem Anhang kann der Fragenkatalog entnommen werden. Da die befragten Führungskräfte anonymisiert bleiben wollen, wurde lediglich eine Auflistung der Interviewpartner dargestellt, in der die jeweilige Position in der Hierarchie sowie Unternehmensgegenstand, Geschlecht und Alter enthalten sind.

2. Theoretische Grundlagen der Studie im Vergleich Bulgarien und Österreich

Managementzeitschriften aus der ganzen Welt berichten über die Unterschiede bei der Arbeit mit Human Resources zwischen West- und Osteuropa. Wie bekannt, sind die Aufwendungen für das Personal in osteuropäischen Ländern noch lange nicht in der Größenordnung wie jene in Ländern wie z.B. Österreich. "The survey reveals that the labour costs of organizations in Bulgaria continued to be quite low in Bulgaria, accounting for only one-quarter of their operating costs. When compared to the old EU Member States and the developed Western nations, where the share ranges between 40 % and 50 %, the lagging behind in the price of labour turns out to be quite substantial."[22] Prominente Studien wie GLOBE lieferten in der Vergangenheit die Ergebnisse, dass in Ländern wie Österreich eine niedrige Humanorientierung sowie ein niedriger institutioneller und Gruppen-Kollektivismus herrscht und Organisationen mehr ergebnis- als menschengesteuert funktionieren.[23]

Durch die rasche Entwicklung in Osteuropa wird aber Human Resources immer mehr Gewichtung beigemessen. Osteuropäische Organisationen nehmen sich als Beispiel für erfolgreiche Arbeit westeuropäische Unternehmen und versuchen diese nachzuahmen. Es gilt aber festzustellen, inwieweit noch Unterschiede in der Führung und bei der Entwicklung einer Karriere bestehen. „Faktoren wie Macht, Status und Hierarchie spielen eine ganz unterschiedliche Rolle; und was Kontrolle und Autorität angeht, haben die Führungskräfte verschiedener Kulturen ganz unterschiedliche Sichtweisen."[24]

2.1. Führung in Bulgarien

Wenn man sich mit der bulgarischen Fachliteratur zum Thema Personalführung auseinandersetzt, wird man mehrere Erklärungen dafür finden, was eine gute Führung ausmacht und was schlussendlich alles darunter verstanden werden darf. Zusammenfassend zu den verschiedensten Werken kann man hier festhalten, dass die Hauptaufgabe der Führung die Koordination einer Organisation und ihrer Mitglieder ist, sowie die bewusste Beeinflussung der Anstrengungen der Mitglieder für das Erreichen der Unternehmensziele beinhaltet.[25] Eine Führungskraft muss die Fähigkeit haben, die Organisation in eine bestimmte Richtung lenken zu können. Die Persönlichkeit so einer Person weist Merkmale wie starke Kommunikationsfähigkeit, Ideenreichtum

---

[22] Vatchkova, 2007, S. 158
[23] vgl. House et al., 2004, S. 9ff
[24] Coutu, 2004, S. 86
[25] vgl. Ivanov, 2008, S. 7

und Extrovertiertheit auf. Es ist jemand, der sich ununterbrochen für das Erreichen der Ziele der Organisation einsetzt und jedes einzelne Mitglied beachtet und schätzt.[26] Aus Sicht der Mitarbeiter ist der Leader an erste Stelle „einer von uns", an zweiter Stelle „einer, der ähnlich ist, wie die meisten von uns", an dritter Stelle „der Beste von uns", an vierter Stelle wird er als „einer, der die Erwartungen der Mitarbeiter und Organisation mittels proaktiven Handelns erfüllt", gesehen.[27] Ein Mix von Kompetenzen ist es, die eine Führungskraft nachweisen muss, um als solche wahrgenommen und akzeptiert zu werden. In seinem Werk „Psychologie der Führung" gibt Ivanov (2008) 3 Fähigkeiten an, die eine Führungskraft zum Erfolg führen. Nämlich die Fähigkeit zu überzeugen und somit die intellektuelle Seite abzudecken, die emotionale Stabilität, um Mitarbeiter lenken zu können, sowie die Fähigkeit Mitarbeiter zu motivieren, um von ihnen ein erwartetes Verhalten zu erfahren.[28] Der Autor greift auf eine durchgeführte Studie aus Japan zurück und vermerkt, dass mit einer Gewichtung von 42 % eine Führungskraft über die Fähigkeit verfügen muss, mit Energie Aufgaben voranzutreiben und durchsetzungsstark Ziele zu verfolgen.[29] Abgesehen von den Fähigkeiten und Kompetenzen einer Führungskraft, beschreibt der Autor den Prozess der Führung als eine Multiplikation der Ideen, Inspiration und Impulse.[30]

Die Persönlichkeit einer Führungskraft, mit welcher sich viele Autoren weltweit beschäftigen, ist ein komplexes Gebilde. Auch die bulgarische Literatur sucht nach Antworten auf die Frage, ob Führungsfähigkeit in der menschlichen Natur liegt und Führungskräfte als solche geboren werden, oder Führungskräfte sich die Führungseigenschaften im Laufe der Zeit aneignen. Dabei macht Ivanov (2008) folgende Unterscheidung:[31]

➢ Es existieren Führungskräfte, die alle notwendigen Führungseigenschaften bereits von Geburt an nachweisen. Solchen Schlüsselkräften gelingt es sehr schnell, das Vertrauen der anderen zu gewinnen. Sie sind ehrlich, verfolgen keinerlei eigene Interessen und kümmern sich um das Wohlergehen anderer. Weiters hält der Autor fest, dass solche Personen meistens über keine hochqualifizierte Ausbildung verfügen und keine große Publizität mögen. Trotzdem schaffen sie es, präsent zu bleiben und sich über die Probleme der Organisation im Klaren zu sein;

➢ Institutionelle Führungskräfte stehen in der Regel mit Religions-, Ausbildungs- oder Politikinstitutionen in Verbindung und werden von der Masse gewählt. Die Entscheidungen,

---

[26] vgl. Ivanov, 2008, S. 8
[27] vgl. Andreeva/Donzov, 1981, S. 195
[28] vgl. Ivanov, 2008, S. 9
[29] vgl. Ivanov, 2008, S. 52
[30] vgl. Ivanov, 2008, S. 42
[31] vgl. Ivanov, 2008, S. 45ff

die von ihnen getroffen werden, sind auch jene, die die Masse getroffen hätte. Daher werden sie schnell als Führungskräfte akzeptiert;

> Die Führungskraft, die in der Regel aus einer gehobenen sozialen Welt kommt und besonders angesehene Universitätseinrichtungen besucht hat, beschreibt der Autor als eine, die meistens über Prestige verfügt und es auch leicht schafft, als Nachfolger einer Führungsgeneration den Weg ihrer Vorfahren erfolgreich zu bestreiten. Executives, denen bereits in den frühen Jahren vielerlei Möglichkeiten geboten wurden sich weiterzuentwickeln, waren in der Regel viel in der Welt unterwegs. Sie gehen sehr sozialfreundlich mit einer Organisation um und können oft schwer mit Niederlagen fertig werden;

> Die sogenannten Professionals werden von der Organisation gebraucht, wenn Probleme gelöst werden müssen. Daher spielt ihr Rat eine wesentliche Rolle bei Engpässen und schwer zu regelnden Situationen. Für sie ist Erfolg und Vorankommen das Wichtigste auf ihrem beruflichen Weg. Solche Personen haben bereits mehrere nachweisbare Erfolge auf einem Gebiet verzeichnet, und sie schaffen es, mit Kompetenz und Sachkenntnis das Vertrauen der Organisationsmitglieder zu gewinnen. Sie sind bereit Risiko zu tragen, da sie auf ihre über die Jahre erworbenen Fähigkeiten und Kenntnisse vertrauen und Risiken daher sehr gut kalkulieren können;

> Als letztes werden Führungskräfte unterschieden, die freiwillig bereit sind ihre Energie und Zeit zu opfern, wenn sie der Meinung sind, dass die Organisation davon profitieren kann. Sie haben genaue Vorstellungen, wie etwas umgesetzt werden muss, lieben die Publizität und schaffen es geschickt mit Diplomatie, Leute von den eigenen Ideen zu überzeugen und zu begeistern. Anders als bei den anderen Typen von Führungskräften ist hier das Organisationstalent besonders gut ausgeprägt.

Pozarliev (2008) untersucht den Zusammenhang zwischen der Effektivität der Manager und ihren Fähigkeiten und findet als Ergebnis seiner Studie 3 Fähigkeiten, die die Führungskräfte nachweisen müssen, um erfolgreich aufzutreten: die Arbeit im Team, ein ausgeprägtes Maß an Selbstdisziplin und die Fähigkeit zu planen und zu organisieren. Diese Aussagen basieren auf seiner Erhebung aus der Befragung von 78 Führungskräften. In einer weiteren Studie befragt er 35 Manager und versucht dem „Profil der Kenntnisse" näherzukommen. Dabei kommt er zu dem Resultat, dass der „perfekte Leader" ein Bündel aus Handlungen (Zielstrebigkeit, Übernahme von Initiative, Handeln) und zwischenmenschlichen Fähigkeiten (Führungsstärke, zwischen-menschliche Beziehungen und Hilfsbereitschaft) ist.[32]

Um das Handeln von Führungskräften erläutern zu können, kann die Fachliteratur in Bulgarien auf eine durchgeführte Studie von Radoslavova (2008) zurückgreifen. Die Daten stammen aus der Untersuchung von 202 Mitgliedern einer Organisation. Die Autorin unterscheidet zwischen zwei Handlungsarten von Führungskräften:[33]

> **Basis-Handlungen:** Beinhalten die Handlungen, die von einer Führungskraft erwartet werden und die sie im Rahmen der Position als Funktion und Aufgabe inne hat;

> **Taktische Handlungen:** Diese entstehen aus der Erwartung einer Führungskraft, Wert-schätzung und Zusammenhalt seiner geführten Mitarbeiter zu erfahren.

Das Ergebnis der Studie zeigt, dass die Basis-Handlungen einer Führungskraft das Vertrauen der Mitarbeiter begründen, die taktischen Handlungen hingegen nur eine Hilfefunktion für das Entstehen von Vertrauen darstellen und ersteres lediglich verstärken können.[34] Ein Top-Manager ist in den Augen der Mitarbeiter jemand, der sich sehr der charismatischen Führungskraft annä-hert, ein gutes Arbeitsklima schafft und die notwendigen Ressourcen zur Verfügung stellt. Wenn das Management das obengenannte Bild darstellt, wird von den Mitarbeitern erwartet, dass ihre Führungskraft Wert auf die Mitarbeitermeinung legt und sich bei wichtigen Entscheidungen mit ihnen austauscht und sie mit einbezieht. Wichtig wäre hier, dass die Kompetenzen der Mitarbei-ter geschätzt und gefördert werden.[35]

Mitarbeiter, die wissen, wie ihre Führungskraft zu sein hat, geben auch deutliche Informationen darüber, wie diese nicht sein soll. Weniger Vertrauen haben Mitarbeiter in ihre Führungskraft, wenn diese nicht in der Lage ist, Verantwortung zu übernehmen, sich hauptsächlich um das gute Klima innerhalb des Teams bemüht und einen zu großen Wert auf die Harmonie legt. Weiters ist für diese Mitarbeiter auch kein guter Führer derjenige, dem die Selbstpräsentation als sehr wichtig erscheint und bei dem ein ausgeprägtes „Ich" im Vordergrund steht, anstatt die geleistete Arbeit als Ergebnis der Bemühungen aller zu sehen.[36]

---

[32] vgl. Pozarliev, 2008, S. 507ff
[33] vgl. Radoslavova, 2008, S. 507ff
[34] vgl. Radoslavova, 2008, S. 505ff
[35] vgl. Radoslavova, 2008, S. 520ff
[36] vgl. Raodoslavova, 2008, S. 522

2.1.1. Suche und Auswahl einer Führungskraft

Im Vergleich zu den westeuropäischen Ländern, darunter auch Österreich, verläuft der Prozess der Suche und Auswahl nach geeigneten Führungskräften in Bulgarien etwas unkonventioneller. Die meisten Organisationen vertrauen einfach auf ihren guten Ruf und versuchen so, Fachkräfte für sich zu begeistern. Die Mundpropaganda spielt daher die wesentlichste Rolle bei der Suche. Nachdem in einem Unternehmen die Entscheidung getroffen wurde, dass eine Position neu besetzt werden muss, ist es in erster Linie die Aufgabe des Top-Managements, Überlegungen zu tätigen, ob man bereits eine Person mit den erforderlichen Fachkenntnissen und Fähigkeiten aus früheren Zeiten, womöglich bereits seit den Studienzeiten, oder aber aus dem eigenen Bekanntenkreis kennt. Wenn dies der Fall ist, versucht das Top-Management auf einem informellen Weg Kontakt zu der Person aufzunehmen, um ihr ein konkretes Angebot zu machen. Schopov und Atanasova (2009) sehen den Trend dahingehend, dass das Top-Management auch innerhalb der Organisation stark an die Organisationsmitglieder appelliert, sich mit Ideen zu beteiligen, und wenn möglich, selbst potenzielle Kandidaten für das Unternehmen zu begeistern.[37]

Die Initiativbewerbung hat sich bereits als eine gut etablierte Maßnahme für die Suche nach Einstiegspositionen sowie Schlüsselpositionen auf der ganzen Welt erwies. Leider ist diese in Bulgarien nur gelegentlich bekannt und nur große Organisationen können anhand dieser günstigen Methode tatsächlich erfolgreich Personal rekrutieren. Mangels Bewerbungen müssen mittlere und kleine Organisationen in Bulgarien die Suche proaktiv vorantreiben.[38]

Was eine Führungskraft als solche ausmacht und welche Kriterien dabei ausschlaggebend sind, wenn man diese aussuchen muss, das sind Fragen, mit denen sich Unternehmen weltweit beschäftigen. Neben allgemein anerkannten Kriterien wie Kommunikationstalent, Extrovertiertheit, Motivation und Interesse an den Aufgaben zählt Ivanov (2008) weitere Kriterien auf, die dazu beitragen können, sich für eine Führungskraft zu entscheiden:[39]

> ➤ Führungskräfte sollen kreativ sein, heißt es. **Kreativität** soll bei Entscheidungsfindungen helfen sowie neue Ideen für die Strategie des Unternehmens bringen;

> ➤ **Entschlossenheit:** Aktivitäten in Gang zu setzen und diese mit Durchsetzungskraft und Ausdauer zu verfolgen, wird als ein weiteres unabdingbares Kriterium gesehen;

---

[37] vgl. Schopov/Atanasova, 2009, S. 113
[38] vgl. Schopov/Atanasova, 2009, S. 113
[39] vgl. Ivanov, 2008, S. 132

➤ **Zusammenhänge erkennen** und diese für die zu treffenden Entscheidungen nutzen, das widerspiegelt sich in dem intellektuellen Wachstum und der Intelligenz einer Führungskraft;

➤ Weiters erweitert sich die Suche auf Menschen, die intuitiv handeln können und das gewisse **Gespür** und Vorausschauen besitzen, um Gefahren frühzeitig zu erkennen.

Selbstverständlich werden alle diese Kriterien meistens anhand personalwirtschaftlicher Maßnahmen untersucht, um Unternehmen vor Fehlentscheidungen zu schützen und Kostenersparnisse zu generieren.[40]

2.1.2. Anforderungen an eine Führungskraft

Führungskraft zu sein zieht eine Reihe von Anforderungen nach sich, mit denen die Leader tagtäglich konfrontiert werden. Die Dynamik, mit der sich die Wirtschaft in den letzten Jahren verändert hat, fordert auch Organisationen auf, sich gleichzeitig zu verändern. Die Unsicherheit, die aufgrund von Wirtschaftskrisen entsteht, bricht alte Verhaltensmuster auch in den zwischenmenschlichen Beziehungen innerhalb eines Unternehmens. Die daraus abgeleitete Folge sind die veränderten Anforderungen eines Top-Managers von heute. Dieser muss bereit sein, sich mit zu verändern, sich schnell an Umweltbedingungen anzupassen und trotz schwerer Bedingungen erfolgreich zu sein.[41] Mitarbeiter haben oft keine genauen Vorstellungen, welche Aufgaben ihre Vorgesetzten zu bewältigen haben und was sich hinter der Position und Betitelung „Führungskraft" verbirgt. Sichtbar bleibt die Kommunikation innerhalb und außerhalb des Unternehmens sowie die Handlungen, die von Mitarbeitern je nach Situation unterschiedlich gedeutet werden.

Angelov (2002) nennt 5 wichtige Anforderungen und Erwartungen, bei deren Erfüllung eine Führungskraft als eine erfolgreich agierende beschrieben wird:[42]

➤ Von führenden Mitarbeitern wird erwartet, dass sie Prozesse zum Laufen bringen, diese hinterfragen, ändern und steuern, Risikos übernehmen und sich weiterentwickeln;

➤ Die Fähigkeit, eine Vision zu vermitteln und Mitarbeiter von dieser zu begeistern, ist der Schlüssel zum Erfolg;

---

[40] vgl. Ivanov, 2008, S. 132
[41] vgl. Pozarliev, 2011, S. 495
[42] vgl. Angelov, 2002, S. 286

11

- Führende Mitarbeiter müssen in einer Organisation den restlichen Mitarbeitern die Möglichkeit zur Eigeninitiative und Selbstverwirklichung geben und diese in ihren Handlungen unterstützen;

- Weiters soll auch der Weg, den eine Organisation gehen will, klar angezeigt werden. Führungskräfte müssen diesen als Vorbild vorausgehen und kleine Erfolge aufzeigen, um für die Mitarbeiter eine Motivationsgrundlage zu schaffen;

- Als Letztes weist der Autor darauf hin, dass Leader in der Lage sein müssen, die Herzen der Menschen zu berühren, indem man ihren Beitrag für den Erfolg der Unternehmensgeschichte sichtbar macht.

Jedoch scheint das strategische Denken jene Anforderung zu sein, die die Unterscheidung von Führungskräften und der Belegschaft am deutlichsten zeigt. Wer diese Fähigkeit nicht besitzt, wird langfristig an der Spitze keine Erfolge erzielen können. Und, noch schlimmer, das Fehlen strategischen Denkens bei Führungskräften wird als die häufigste Ursache für das Scheitern ganzer Organisationen erkannt.[43]

2.1.3. Entwicklung von führenden Mitarbeitern

Die Entwicklung als Leader ist Großteils die Fähigkeit, sich selbst weiterentwickeln zu können.[44] Maßnahmen zur Entwicklung von Mitarbeitern und Führungskräften sind in Bulgarien noch weit nicht so fortgeschritten wie in westeuropäischen Ländern. Jedoch wird immer mehr erkannt, dass die Bindung der Mitarbeiter an das Unternehmen sehr stark mit deren Entwicklung innerhalb der Organisation zusammenhängt. Dahingehend steigen auch die Förderungsmaßnahmen.[45] Die vorhandenen Bildungsmaßnahmen zielen meist auf die Erweiterung und Verbesserung der Führungsqualität als Leader.[46]

Alkalay (2005) verweist darauf, dass die Erweiterung von Entwicklungsmaßnahmen zur Förderung von Führungskräften bewirken soll, dass sich diese neue Fähigkeiten aneignen können. Führungskräfte sollen ihre Entwicklung immer mehr selbst steuern. Auch der eigene Beitrag zur Erfüllung sowohl der eigenen Interessen als auch jener der Organisation soll erhöht werden. Dies setzt aber voraus, dass die Führungskraft sich als Person immer mehr selbst entdeckt und die Anforderungen der Organisation an sie sehr gut verstehen und deuten kann. In der nachfolgen-

---

[43] vgl. Ivanov, 2008, S. 138
[44] vgl. Pozarliev, 2011, S. 496
[45] vgl. Vatchkova, 2007, S. 181
[46] vgl. Pozarliev, 2011, S. 496

den Abbildung wird der Prozess eines Programms für die Entwicklung von mittlerem und Top-Management dargestellt.[47]

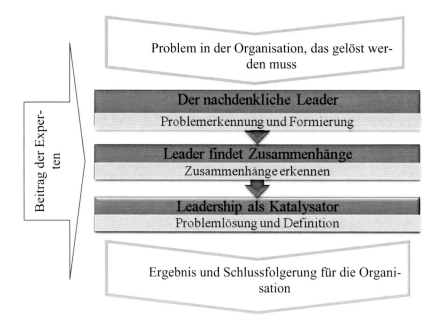

Abbildung 1: Entwicklung von mittlerem und Top-Management nach Alkalay[48]

Das erste Stadium des Prozesses sieht eine Formierung der Fähigkeit zum Nachdenken der Führungskraft vor sowie die Bereitschaft, Neues auszuprobieren und zu lernen. Dabei ist erforderlich, dass die Führungskraft über die eigenen bereits gesammelten Erfahrungen aus der Vergangenheit und ihre Kenntnisse nachdenkt. Diese sollen in eine neue Einstellung und Denkweise integriert werden und eine Basis für den Lernprozess darstellen.

In einem weiteren Schritt findet dann die tatsächliche Selbstreflexion der Führungskraft statt. Die eigenen Erfahrungen sowie die der Kollegen werden überarbeitet und reflektiert. Weiters wird hier die Überlegung wichtig, wie die tatsächliche Weiterentwicklung auszusehen hat und die bereits angeeigneten Kenntnisse ausgebaut werden können.

Beim nächsten Schritt im Lernprozess werden bereits die Probleme angesprochen, deren Lösung angestrebt wird. Hierbei wird auch verstärkte Einbringung von Expertenmeinungen und -handlungen notwendig sein.

---

[47] vgl. Alkalay, 2005, S. 5
[48] eigene Darstellung, vgl. Alkalay, 2005, S. 5

Selbstverständlich werden die Entwicklungsmaßnahmen je nach Organisation, Erwartungen und Führungskräften angepasst. Sie werden als eine Interaktion gesehen, in der nicht nur das Top-Management als solches wichtig ist, sondern auch die Experten und die Organisation einen großen Anteil für das Endergebnis beitragen können und dieses stark beeinflussen.[49]

Aus dem Cranfield Network On European Resource Management wird in dem National Report für Bulgarien 2006 berichtet, dass in erfolgreichen Organisationen für Führungskräfte mehr Trainingstage aufgewendet werden als für die restlichen Mitarbeiter, da ihre Rolle im Betrieb eine essentielle ist.[50] Aus der Studie Cranet, die mitunter die Entwicklungsmaßnahmen in Bulgarien und Österreich verglichen hat, wurde folgendes Ergebnis abgeleitet und folgende Instrumente, welche in Bulgarien am häufigsten verwendeten werden, identifiziert:[51]

➤ **Teilnahme an Projekten:** Diese wird in der Tat als die Maßnahme gesehen, die Organisationen oft bevorzugen, um ihre Mitarbeiter weiterzuentwickeln;

➤ **Die Einbeziehung in organisations-, disziplinen- und funktionsübergreifende Aufgaben:** Immer mehr Unternehmen in Bulgarien versuchen ihre Führungskräfte dahingehend zu involvieren;

➤ **Erfahrungsaufenthalte in anderen Bereichen und Abteilungen des eigenen Unternehmens:** Aus der Studie geht hervor, dass dieses Instrument für die Entwicklung von Mitarbeitern in Bulgarien viel öfter zum Einsatz kommt als in Österreich;

➤ **Temporäre Arbeit in anderen Organisationen:** Diese wird von den Betrieben in Bulgarien geschätzt, da sie immer noch eine kostengünstige Variante der Weiterentwicklung darstellt;

➤ **Assessment Center:** Diese Anwendung wird auch in Ländern wie Bulgarien immer mehr angenommen. Die Studie berichtet, dass diese Methode mittlerweile im ungefähr gleichen Ausmaß angewendet wird wie in stark entwickelten Ländern im Bereich Human Resources wie z. B. Österreich.

---

[49] vgl. Alkalay, 2005, S. 5
[50] vgl. Vatchkova, 2007, S. 187
[51] vgl. Cranet Ergebnisse in Saga, 2009, S. 150

Paunov (2006) fügt noch eine Entwicklungsmaßnahme hinzu. Er beschreibt in seinem Werk allein das Mentoring als die wichtigste Förderungsmaßnahme für Führungskräfte:[52]

> **Mentoring:** Dabei spielt laut Autor nicht nur die Business-Funktion eine Rolle, die die tatsächliche Entwicklungsmaßnahme in Bezug auf Projekte und Aufgabenstellungen beinhaltet, sondern auch die psychologische Funktion. Der Mentor kann durchaus in der Lage sein, seinen Schützling so zu modellieren und ihn genauso zu entwickeln, wie das Unternehmen seine Fähigkeiten gebrauchen würde. Nicht selten entsteht dabei auch eine freundschaftliche Beziehung.

Die erfolgreiche Durchführung von Entwicklungsmaßnahmen für Führungskräfte ist ein Prozess, der stark von der angebotenen Infrastruktur und dem Umfeld abhängig ist und auf einigen Anforderungen basiert:[53]

> Entwicklung von Standards,

> Methoden für die Beurteilung von Kompetenzen, die für das Ausführen einer Tätigkeit notwendig sind,

> Instrumente und Methoden für die Entwicklung von Fähigkeiten, die für den Lernprozess wichtig sind,

> eine partnerschaftliche Beziehung zwischen Experten, lernender Führungskraft und Organisation.

Bulgariens Wirtschaft befindet sich im Aufbau. Organisationen lernen voneinander, entwickeln und verändern sich. Obwohl mit einer zeitlichen Verzögerung, auch was personalwirtschaftliche Maßnahmen betrifft, streben Organisationen jedoch eine Verbesserung an und werden auch in Zukunft mehr für die Entwicklung ihrer Mitarbeiter aufwenden.[54]

Der Erfolg des beruflichen Wachstums einer Führungskraft steht in Abhängigkeit von einer Reihe von Einflüssen, die sowohl von der Umwelt als auch vom Manager selbst beigesteuert werden können. Schlussendlich liegt es aber an ihm, inwieweit er die Mitwirkung dieser zulässt.

---

[52] vgl. Paunov, 2006, S. 238
[53] vgl. Alkalay, 2004, http://bam.bg/nessebar2005/Alkalay.pdf, [23.11.2011]
[54] vgl. Alkalay, 2004, http://bam.bg/nessebar2005/Alkalay.pdf, [23.11.2011]

Die nachfolgende Abbildung soll einen groben Überblick der wichtigsten Einflussfaktoren darstellen.[55]

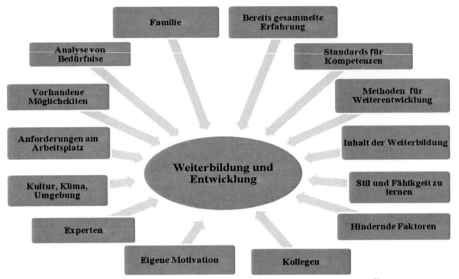

Abbildung 2: Einflussfaktoren bei der Entwicklung von Führungskräften nach Al y[56]

Daraus wird ersichtlich, dass die Einflussfaktoren einerseits vom eigenen Stil und der Fähigkeit zu lernen, eigener Motivation und bereits gesammelten Erfahrungen abhängig sind, anderseits aber auch externe Faktoren wie Familie, Kollegen, kultureller Kreis eine Auswirkung auf die Entwicklung und die Aufnahme von Trainings haben können. Weiters kommt es auch darauf an, wie gut Experten für die Trainings vorbereitet und geeignet sind, ob auf bereits bestehende Standards für Entwicklungsprogramme zurückgegriffen werden kann, welche Methoden dafür angewendet werden, welcher Inhalt damit gedeckt werden soll und ob eine Verbindung mit den Anforderungen am Arbeitsplatz besteht. Um die richtige Entscheidung für ein Training zu treffen, müssen natürlich auch die Bedürfnisse der Organisation und der Führungskraft analysiert werden und im Hinblick auf die vorhandenen Möglichkeiten abgestimmt sein.[57]

2.1.4. Fazit

Wenn man sich mit der Thematik Führungskraft in Bulgarien im Detail auseinandersetzt und die vorhandene bulgarische Literatur in Betracht zieht, kann festgestellt werden, dass sich auch ein Land wie Bulgarien, trotzt Spätentwicklung im Bereich der Human Resources, immer mehr für

---

[55] vgl. Alkalay, 2004, http://bam.bg/nessebar2005/Alkalay.pdf, [23.11.2011]
[56] eigene Darstellung , vgl. Alkalay, 2004, http://bam.bg/nessebar2005/Alkalay.pdf, [23.11.2011]
[57] vgl. Alkalay, 2004, http://bam.bg/nessebar2005/Alkalay.pdf, [23.11.2011]

die Führungskraft, ihre Persönlichkeit, ihre Auswahl und Entwicklung interessiert. Leider kann nur auf wenige Studien zurückgegriffen werden. Aber auch wenn diese nicht als eine zahlreiche Repräsentanz angesehen werden können, liefern sie durchaus aussagekräftige Daten, die eine sichere Basis für weitere Erhebungen darstellen.[58]

Nach einer ausführlicheren Auseinandersetzung, wodurch sich Führungskräfte unterscheiden und wie ein „perfekter" Leader ausschauen kann, wurde in weiterer Folge auf die Suche und Auswahl einer Führungskraft eingegangen. Interessant ist die Tatsache, dass Organisationen in Bulgarien dem informellen Weg vertrauen, um dabei die bestmöglichen Executives zu finden.

Nachfolgend wurden die Anforderungen an eine Führungskraft abgebildet, an die die Entwicklung von Top-Managern anknüpft. Diese wurden mit einer Reihe von Studien untermauert. Daraus wurde auch hier ersichtlich, dass die kostengünstigsten Methoden sich in Bulgarien als die gängigsten bewährt haben. Es ist aber eine klare Tendenz zu erkennen, dass sich die Beschäftigung mit HR-Angelegenheiten als immer bedeutender für das Unternehmen erweist. Methoden, die sich in westeuropäischen Ländern durchgesetzt haben, kommen auch in bulgarischen Organisationen immer mehr zur Anwendung. Auch Entwicklungsprogramme scheinen einen wichtigen Platz in Unternehmen gefunden zu haben und fordern genauso die Experten in Bulgarien auf, sich mehr damit auseinanderzusetzen.

2.2. Führung in Österreich

„Ein Führer ist dann am besten, wenn die Leute kaum bemerken, dass es ihn gibt. Er ist nicht so gut, wenn die Leute ihm gehorchen und ihm Beifall geben. Er ist am schlimmsten, wenn sie ihn verachten."[59]

In vielen westeuropäischen Ländern hat die Führung nicht nur mit der Beeinflussung von Menschen im Sinne des Unternehmenserfolgs zu tun, sondern ist auch ein Versuch, Menschen beste Chancen anzubieten, um sich zu entfalten, um schlussendlich selbst für das Unternehmen mehr Arbeit leisten zu wollen. „Unter Führung wird im Allgemeinen ein sozialer Beeinflussungsprozess verstanden, bei dem eine Person (der Führende) versucht, andere Personen (die Geführten) zur Erfüllung gemeinsamer Aufgaben und Erreichung gemeinsamer Ziele zu veranlassen."[60] Die Managementliteratur gibt verschiedenste Definitionen, was Führung als Prozess bedeutet. Ob Menschen als Führungssubjekte geboren wurden oder sie sich zu solchen entwickelt haben, ist

---

[58] vgl. Janev, 2009, http://psihologia.net/itl-kalin-yanev.pdf, [23.11.2011]
[59] der chinesiche Gelehrte Laotse in Weinert, 2004, S. 457
[60] Steyrer, 2009, S. 26

eine Frage der Interpretation. Schlussendlich ist Führung als ein Prozess, der aus 3 Komponenten besteht, zu betrachten, nämlich aus der Führungsperson, den Geführten und der Situation.[61] Daher gilt es, die Führung als Komplex zu definieren, zu interpretieren und zu analysieren. Eine Führungskraft ist jene, die die Vision und Strategie des Unternehmens entwickelt und diese an die Mitarbeiter kommuniziert. Führer sind Koordinatoren und Motivatoren, sie müssen für ihre Mitarbeiter da sein, sie sind gefordert, Konflikte in einem „gesunden" Ausmaß zu halten und die Organisation zum Erfolg zu führen. In diesem Zusammenhang spielen die Eigenschaften einer Führungskraft eine große Rolle. Das Top-Management verfügt über eine große Entscheidungs- kraft und führt das Unternehmen in eine Richtung, die von der Unternehmensstrategie abgeleitet wird. „Fehlentscheidungen der Führung können den Bestand des Unternehmens gefährden."[62]

Die Verantwortung ist groß, die Suche und Auswahl sind oft schwierig und die Anforderungen an die Führenden steigen immer mehr. Belastung und Stress, denen Leader ausgesetzt werden, sind auch meistens im Vergleich zu den restlichen Mitarbeitern besonders hoch.[63] Auch die Intelligenz, über die ein guter Führer verfügen soll, darf nicht geringer sein als die von seinen Geführten.[64]

Über eine Reihe von Theorieansätzen betreffend den Leader und seine Eigenschaften kann nachgeschlagen werden. Nachfolgend wird nur ein kurzer Ausschnitt daraus in Betracht gezo- gen, um dem perfekten Bild einer Führungskraft näher zu kommen:

> **Charismatischer Leadershipansatz:** Hohes Selbstvertrauen, eine überdurchschnittliche Entschlossenheit, starke Dominanz und Überzeugung von den eigenen Ideen bilden die Schlüsselidee der charismatischen Führung. Der Führer ist stark emotional an seine Visi- onen gebunden und kann sich mit seinen Vorhaben sehr gut identifizieren.[65] Er ist in der Lage, seine Mitarbeiter durch menschlichen Verstand, Anteilnahme und Enthusiasmus zu begeistern.[66] Ein ausgezeichnetes Beispiel für einen charismatischen Führer ist Martin Luther King, dessen Rede "I have a Dream" jahrelang in den Köpfen der Menschen prä- sent blieb;[67]

---

[61] vgl. Weinert, 2004, S. 459
[62] Zimmermann, 2009, S. 29
[63] vgl. Reichwald/Möslein, 2005, S. 7
[64] vgl. von Rosenstiel, 2004, S. 29
[65] vgl. Conger/Kanungo, 1998, S. 2ff
[66] vgl. Conger/Kanungo, 1998, S. 15
[67] Martin Luther King (1929−1968): er war ein bedeutender amerikanischer Theologe und Vertreter des Kampfes gegen soziale Unterdrückung und Rassismus.

> **Visionärer Leadershipansatz:** Hierbei handelt es sich um eine Führungskraft, die anhand einer Vision die Menschen begeistern und in eine bestimmte Richtung lenken kann. Vielmehr geht es aber darum, dass der Leader gefördert ist, die Vision so deutlich zu transportieren und zu leben, dass alle, die ihm folgen sollen, diese mitleben und auch eine Begeisterungsfähigkeit dafür entwickeln können;[68]

> **Transformationaler Leadershipansatz:** Wichtig ist hier die Unterscheidung zwischen „transformationaler" und „transaktionaler" Führung. Im Gegenzug zu transaktionaler Führung, bei der der Führer Antriebe und Belohnung im Gegenzug für die erbrachte Leistung zuspricht, geht die transformationale Führung von den Grundgedanken aus, dass beide Seiten gegenseitige Verpflichtungen eingehen und beide Seiten Interesse daran haben, diese Verpflichtungen einzulösen;[69]

Die Vertrauenswürdigkeit eines Top-Managers ist oft von einer entscheidenden Bedeutung für seine Zukunft und Karriere.[70]

2.2.1. Suche und Auswahl einer Führungskraft

Die richtige Führungskraft für ein Unternehmen zu finden kann sehr kostenintensiv ausfallen und viel Zeit in Anspruch nehmen. Da Schlüsselkräfte von essentieller Bedeutung für den Erfolg oder Misserfolg von Organisationen sind, können Fehlentscheidungen bei der Besetzung manchmal fatal für das Unternehmen sein. „Aufgrund der Bedeutung (und Hebelwirkung) von Entscheidungen auf der obersten Führungsebene, sind auch geringe Qualitätsunterschiede beachtenswert."[71] Daher ist im Vergleich die Suche und Auswahl der restlichen Mitarbeiter von der von Führungskräften zu unterscheiden und diese mit besonderer Aufmerksamkeit durchzuführen.

Grundsätzlich lässt sich darüber diskutieren, ob die Schlüsselkräfte aus dem eigenen Unternehmen kommen sollen, oder externe Berater mit der Besetzung vakanter Positionen durch betriebsfremde Führungskräfte beauftragt werden sollen. Studien im deutschsprachigen Raum lieferten das Ergebnis, dass Unternehmen keinen besonderen Wert auf die Herkunft ihrer Führungskräfte

---

[68] vgl. Conger/Kanungo, 1998, S. 132ff
[69] vgl. Northouse, 2010, S. 170
[70] vgl. Conger/Kanungo, 1998, S. 142ff
[71] Zimmermann, 2009, S. 102

legen und nur wenige ganz strikt eine interne Besetzung bevorzugen. Dabei wurden folgende Gründe von den befragten Unternehmen zu ihrer Einstellung bei der Auswahl genannt:[72]

> **Bevorzugte interne Rekrutierung:** Kann sehr motivationsstiftend wirken. Überdies verfügen die Kandidaten bereits über umfangreiche Kenntnisse über das Unternehmen und konnten bereits interne wertvolle Erfahrungen sammeln. Daher ist das Fehlbesetzungsrisiko ein niedrigeres als bei externen Kandidaten;

> **Für etwa gleichen Anteil von internen und externen Kandidaten:** Daraus kann eine sehr gute Mischung aus unternehmensspezifischen und neuen Kenntnissen entstehen;

> **Bevorzugte externe Rekrutierung:** Wird meistens dann gewählt, wenn nicht genügend interne Kandidaten vorhanden sind;

> **Verzicht auf Grundeinstellung:** Unternehmen, die sich schnell entwickeln und sich andauernd verändern, verzichten meistens darauf, sich im Vorfeld zu entscheiden, ob die Kandidaten intern oder extern besetzt werden sollen. Das erlaubt ihnen, ein hohes Ausmaß an Flexibilität zu bewahren und je nach Situation zu entscheiden

Daraus ableitend kann zusammengefasst werden, dass die meisten Unternehmen dann auf externe Besetzungen zugreifen, wenn sie die Positionen nicht intern besetzen können. Wichtig zu bedenken wäre, dass Führungskräfte, die nicht aus den eigenen Reihen kommen, frische Ideen einbringen können." [...] if you want evolution, you take an insider; if you want revolution, you bring in an outsider."[73] Weiters ist zu beachten, dass sich externe Rekrutierung schädlich auf die Motivation im Unternehmen auswirken kann, insbesondere dann, wenn es interne Kandidaten gäbe, die lange daran gearbeitet haben, eines Tages im Top-Management des Unternehmens zu sitzen. Ein Unterscheidungsmerkmal von Organisationen, die Karriereanreize bieten, ist die vorwiegende oder sogar ausschließliche interne Besetzung von Führungspositionen.[74]

Bei der Rekrutierung von Führungskräften greifen die meisten Unternehmen auf eine interne Ausschreibung oder Ansprache innerhalb der Organisation zurück.[75] Dadurch gelingt es besser, das Risiko einer Fehlentscheidung zu minimieren, weil man bereits in den letzten Jahren die Erfolge und Arbeitsweise der Führungskraft beobachten konnte. Das Hauptziel des Prozesses bei der Auswahl ist es, eine Führungskraft zu finden, die am besten zu dem Arbeitsplatz passt. Es

---

[72] vgl. Zimmermann, 2009, S. 162
[73] Kets de Vries, 1995, S. 16
[74] vgl. Zimmermann, 2009, S 104
[75] vgl. Rastetter, 1996, S. 33

kommt also auf den Grad der Übereinstimmung, auf den richtigen „Fit" an. Die Übereinstimmung von Person und Tätigkeit sollte auf 3 Ebenen erfolgen:[76]

➢ Übereinstimmung der Anforderungen an die vorgesehene Tätigkeit mit den Qualifikationen (Fähigkeiten, Fertigkeiten, Kenntnissen und Kompetenzen),

➢ Übereinstimmung des Befriedigungspotenzials der Tätigkeit mit den Bedürfnissen und Interessen des Menschen,

➢ Übereinstimmung der zu erwartenden Veränderungen der Tätigkeit mit dem Entwicklungspotenzial der Führungskraft.

Bei diesem Fit zwischen Person und Organisation (P-O-Fit) kommt es darauf an, inwieweit die Werthaltungen des Menschen mit jenen des Unternehmens übereinstimmen. Hohe Übereinstimmungen zeigen sich in positiven Auswirkungen auf Arbeitszufriedenheit, Motivation, Arbeitsklima und Leistung. Nicht immer ist die Übereinstimmung zwischen Tätigkeit, Organisation und Person jedoch optimal. Kleine Unterschiede können mithilfe von Weiterbildungsmaßnahmen und Arbeitsstrukturierungsmaßnahmen ausgeglichen werden. Da aber Führungskräfte oft innerhalb der bestehenden Organisation angesprochen und rekrutiert werden, ist hier die Übereinstimmung bereits nachweisbar.[77]

Grundsätzlich lässt sich in der nachfolgenden Abbildung darstellen, dass sich individuelle Merkmale, das Person-Environment-Fit und die Organisation subjektiv oder objektiv auf den Karriereerfolg auswirken.

---

[76] vgl. Haltmeyer/Lueger, 2002, S. 408
[77] vgl. Bertz/Judge, 1994, S. 32ff

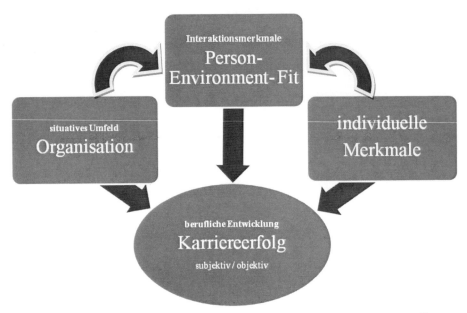

Abbildung 3: Variablengruppenmodell des beruflichen Erfolges im Unternehmen nach Burchard[78]

Trotz zahlreicher Theorien und Erklärungsansätze kommt es in der Praxis häufig dazu, dass Entscheidungen bei der Platzierung der Executives im Unternehmen nicht optimal getroffen werden. Wichtig zu erwähnen ist, dass es sich hierbei nicht selten um kulturelle Organisationsunterschiede handelt, oder dass sich Executives nicht mit der Strategie des Unternehmens identifizieren können und diese dann auch schlussendlich nicht verfolgen. Auch länderspezifische, kulturelle Unterschiede spielen eine bedeutende Rolle bei der Integration des Top-Managements im Unternehmen.[79] Daher sind dies wichtige Punkte, die man bereits bei der Suche und Auswahl beachten soll, um im Nachhinein Diskrepanzen zwischen Unternehmen und Top-Management zu vermeiden.

Aus mehreren theoretischen Ansätzen, die über das Vorgehen bei der Besetzung von Top-Managern unter Berücksichtigung der Theorie Ratschläge geben, hat Schäfer (2001) eine zusammenfassende Empfehlung dargestellt, wie Organisationen Schritt für Schritt vorgehen müssen, um die richtigen Führungskräfte auszuwählen:[80]

[78] eigene Darstellung, vgl. Burchard, 2000, S. 67
[79] vgl. Kirchgeorg/Jung/Günther, 2007, S. 46
[80] vgl. Schäfer, 2001, S. 68

➤ Erstens gilt es, die Bestimmung der strategischen Ausrichtung des Unternehmens zu veranschaulichen. Dabei kann nach Gesamtunternehmens- und Geschäftsbereichsstrategie unterschieden werden;

➤ Die Identifizierung der Eigenschaften, die ein Top-Manager zur Realisierung der gewählten Strategie vorweisen sollte, kommt als nachstehende Aufgabe, die gelöst werden muss. Ohne Angabe von konkreten Anforderungen wird die Arbeit bei der Suche nicht nur erschwert, sondern sind Fehlentscheidungen auch meistens das Resultat aus der Suche und Besetzung. Die Empfehlung personalwirtschaftlicher Maßnahmen, welche die Effizienz des Auswahlprozesses erhöhen sollen, wird hierbei betont.

Wie oben bereits mehrmals in Betracht gezogen wurde, kann eine Suche und Auswahl oft eine Bürde für Organisationen bedeuten. Die präzise Beschreibung der Vorstellung, was man von den Führungskräften erwartet, schützt Unternehmen vor Kostenfallen und Zeitengpässen.[81] Die Tendenz, in Anbetracht der sich verändernden Organisationsstrukturen, entwickelt sich immer mehr in Richtung Teamorientierung. Faktoren wie zwischenmenschliche Anpassungsfähigkeit oder individuelle Strukturen und die Persönlichkeit selbst werden daher in Zukunft an Stellenwert gewinnen.[82]

2.2.2. Anforderungen an eine Führungskraft

„Wenn Du es unterlässt, Menschen Achtung und Ehre zu geben, dann werden sie auch Dir keine Achtung und Ehre geben. Von einem guten Führer jedoch, der wenig spricht, werden alle Leute sagen, wenn die Arbeit getan ist und wenn das Ziel erreicht ist: „Wir haben das alles selbst getan."[83]

Mitarbeiter haben oft genaue Vorstellungen, wie ihre Führungskraft sein soll, wie sie sich verhalten und kommunizieren soll. Meffert (1992) hält fest, dass es zwar nicht möglich ist, ein genaues Anforderungsprofil für Führungskräfte zu entwickeln, aber es sehr wohl möglich ist, die Fähigkeitsbereiche und Kategorien zu beschreiben, die schlussendlich die Führungskräfte von anderen Funktionsträgern im Unternehmen unterscheidet.[84] Wenn die Erwartungen, wie Schlüsselkräfte sein sollen, nicht eintreffen, kommt es oft zu Problemen, die das Arbeitsklima gefährden können. Mit der Globalisierung steigen die Anforderungen an Unternehmen, die wiederum diese auf ihre Führungskräfte übertragen. Es ist das sogenannte Portfolio of Skills, das man benötigt, um mit

---

[81] vgl. Schäfer, 2001, S. 68
[82] vgl. Weinert, 2004, S. 30
[83] der chinesische Gelehrte Laotse in Weinert, 2004, S. 457
[84] vgl. Meffert/Wagner, 1992, S. 355

der Zukunft Schritt halten zu können.[85] Die Fähigkeiten und Kompetenzen gekoppelt an hohe Flexibilität und Mobilität, sind unterschiedlich zu denen, die führende Kräfte vor 50 Jahren zeigen mussten.[86] Stabiler Charakter, der auf Werten und Normen basiert, guter Instinkt und die Fähigkeit, zukunftsorientiert zu denken, sollten keiner Führungskraft fehlen.[87]

Ein guter Executive zu sein, ist keine leichte Aufgabe. Viele, die sich an die Toppositionen trauen, sind bereits von Anfang an zum Scheitern verurteilt. Eine Studie des Centers for Creative Leadership hat herausgefunden, dass ungefähr 40 % aller neuen CEOs bereits in den ersten Jahren scheitern.[88]

Um Anforderungen messbar zu machen, muss eine Reihe von Gegebenheiten hinterfragt werden. Zu beachten hierbei wären die konkrete Unternehmenssituation, die bearbeitenden Geschäftsfelder, die Größe, der Erfolg, das Wachstum, die herrschenden Praktiken und das Organisationsmuster im Unternehmen sowie die demografischen Charakteristika, die die Expertise, das Alter und die Erfahrung umfasst.[89]

In der nachfolgenden Abbildung werden die beeinflussenden Faktoren seitens der Unternehmen im Zusammenhang mit den Anforderungen, die sich auf die verschiedenen Arten von Kompetenzen, Branchenkenntnissen und Unternehmenserfahrungen beziehen, dargestellt. Dabei wird auch deutlich zu sehen sein, dass die Anforderungen sehr eng mit den demografischen Charakteristika in Verbindung stehen. Gesamt betrachtet kann das Unternehmen besser entscheiden, ob eine Führungskraft aus den eigenen Reihen kommen oder aber extern rekrutiert werden soll.[90]

---

[85] vgl. Weinert, 2004, S. 26
[86] vgl. v. Rosenstiel, 2004, S. 60
[87] vgl. Levicki, 1998, S. 95
[88] vgl. Ciampa, 2005, S. 147
[89] vgl. Zimmermann, 2009, S. 28
[90] vgl. Zimmermann, 2009, S. 28

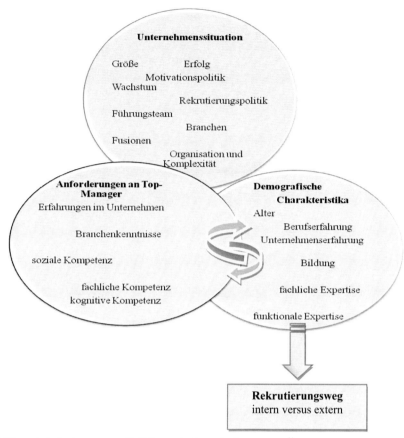

Abbildung 4: Anforderungen an die Führungskräfte nach Zimmermann[91]

Deutlich wird, dass die Unternehmenssituation die Anforderungen an die Spitzenkräfte beein-flusst und diese wiederum Einfluss auf die Strategie haben. Die Erfolge eines Unternehmens hängen stark vom Top-Management ab. Trotzdem wäre es übertrieben zu behaupten, dass immer nur Führungskräfte daran schuld seien, wenn Fehler im Unternehmen passieren. Sie tragen zwar dazu bei, jedoch ist hier auch die Art und Weise ihres direkten Einflusses entscheidend. Die Ursache für die Entstehung von Fehlern kann in der Zusammenarbeit mit Kollegen und innerhalb des Teams, auf den Entscheidungswegen oder bei der Umsetzung der Strategie, liegen. Dies alles sind Faktoren, die Unternehmen zum Erfolg oder Misserfolg führen können.[92]

---

[91] eigene Darstellung, vgl. Zimmermann, 2009, S. 28
[92] vgl. Zimmermann, 2009, S. 29

Empirische Forschungen setzen sich als Ziel zu beweisen, dass die Intelligenz für den Erfolg als Führender die Schlüsselrolle spiele. Manche davon haben jedoch die enttäuschenden Ergebnisse gebracht, dass beinahe keine positive Korrelation zwischen Erfolg und Intelligenz festzustellen ist. Jedoch weisen andere Studien darauf hin, dass dies falsch sei und beweisen das Gegenteil. Neben einer Palette von Eigenschaften spielt eine überdurchschnittliche Intelligenz eine entscheidende Rolle.[93] Jedoch reicht solch eine Befähigung allein nicht aus, um einen Betrieb zum Erfolg zu führen.

„Da Führung ja in erster Linie kommunikatives Handeln ist, sollte der Führende über ausgeprägte soziale Kompetenz verfügen und rasch sowie angemessen mit ganz verschiedenen Menschen Kontakt finden können. Da von ihm erwartet wird, dass er geplante Projekte durchzieht und Ziele erreicht, muss er über eine ausgesprochene Zielbildung verfügen, d.h. eine hohe Leistungsmotivation haben und in der Lage sein, andere für die gleichen Ziele zu motivieren."[94]

Die Forschung liefert eine Reihe von Ergebnissen über die Kompetenzen des Managements. In den vergangenen Jahren wurde viel über dieses Phänomen berichtet und die Wissenschaftler sind sich einig „ […] die Relevanz von über die bloße Fachkompetenz hinausgehend generischen Kompetenzen, die den Akteuren berufs- und funktionsübergreifend Handlungsspielräume eröffnen und eine Anpassung an veränderte Situationen bzw. deren proaktive Mitgestaltung ermöglichen."[95] Um das Ganze etwas zu verdeutlichen, werden die 5 zentralen Kompetenzklassen nach Erpenbeck und von Rosenstiel (2003) näher beschrieben:[96]

> ➢ **Personale Kompetenz:** Darunter versteht man einerseits die Befähigungen wie Akzeptanz durch Mitarbeiter und Kollegen und/oder eine gewisse Objektivität, d.h. die Fähigkeit der Führungskraft, sich emotional von den Aufgaben zu lösen, andererseits fallen hier auch Qualitäten wie Offenheit, Humor und Selbstkontrolle darunter;

> ➢ **Fachliche Kompetenz:** Um die fachliche Kompetenz der Mitarbeiter einzuschätzen, diese zu beurteilen und die Mitarbeiter zielgerichtet zu leiten, ist es unbedingt vonnöten, dass die Führungskraft eigenes fachliches Know-How mitbringt;

---

[93] vgl. v. Rosenstiel, 2004, S. 29
[94] v. Rosenstiel, 2004, S. 29
[95] Sydow/Zeichhardt, 2008, S. 174
[96] Erpenbeck/v. Rosenstiel, 2003, S. XVI

> **Methodische Kompetenz:** Hier einzuordnen sind Begriffe wie Kreativität, Lernfähigkeit, Diagnostik etc.;

> **Sozial-kommunikative Kompetenz:** Beschreibt das Vermögen, kommunikationsstark und kooperativ zu handeln. Dabei tritt in den Vordergrund die Fähigkeit zu delegieren, Kontakte zu knüpfen und sich gruppenorientiert zu verhalten;

> **Aktivitäts- und umsetzungsorientierte Kompetenz:** Impliziert das zielgerechte Streben, Ideen in die Tat umzusetzen und zu realisieren.

Eine Kompetenzklasse darf jedoch nicht fehlen, insbesondere wenn es sich um das Top-Management handelt: [97]

> **Führungskompetenz:** Steht für den Einsatz bei der Führung von Mitarbeitern sowie die Fähigkeit, diese zu motivieren und zu entwickeln.

Führungskräfte wären jedoch nicht erfolgreich, wenn sie sich nicht an die ständig ändernde Umwelt anpassen könnten. Wittwer und Witthaus (2001) legen besonderes Augenmerk auf diese Kompetenz:[98]

> **Veränderungskompetenz:** „ […] bezeichnet die Fähigkeit eines Individuums, auf die unterschiedlichen und wechselnden Anforderungen der Arbeits- und Lebenssituation einzugehen und die jeweiligen Anforderungen im Hinblick auf die individuelle berufliche Entwicklung produktiv zu verarbeiten."[99]

Weinert (2004) fügt eine unabdingbare Kompetenz hinzu, die Top-Manager aufweisen sollen: [100]

> **Kollaborative Kompetenz:** Diese setzt sich aus 3 Komponenten zusammen: zum Ersten aus der Fähigkeit, über Partner und Netzwerke hinweg ein Problem analysieren und lösen zu können, zum Zweiten aus der Fähigkeit, Konzepte zu entwickeln, zu verhandeln und zum gegenseitigen Nutzen auszuführen sowie an dritter Stelle aus der Fähigkeit, die Bedürfnisse der Kunden und der Partner zu erkennen und darauf einzugehen.

Die Globalisierung zwingt nicht nur zur Veränderung, sondern legt die Messlatte für die Executives höher. Um auch international standhalten zu können, müssen diese das Business, die kultu-

---

[97] vgl. Kasper/Mühlbacher/v. Rosenstiel, 2005, S. 261
[98] vgl. Wittwer/Witthaus, 2001, S. 6
[99] Wittwer/Witthaus, 2001, S. 6
[100] vgl. Weinert, 2004, S. 27

rellen und politischen Gegebenheiten, die Perspektiven, die Trends und die Technologien in mehreren Ländern kennen, und sie sollten bereit sein, mit Menschen verschiedener Kulturen zu arbeiten, zu kommunizieren und diese zu verstehen.[101]

Jedoch reichen allein Kompetenzen nicht aus, um im Top-Management erfolgreich tätig zu sein. Neben Sozial- und Führungskompetenzen gilt es für die Führungskraft auch, 8 wichtige Qualifikationsmerkmale zu erfüllen:[102]

> die Fähigkeit, realistische Visionen zu entwickeln,

> die Fähigkeit zum Feedback,

> die Fähigkeit zu Delegation, Konflikt- und Kritikfähigkeit,

> Kommunikationsfähigkeit,

> das Fördern von Komplementärfähigkeiten im Team,

> Vorbild zu sein,

> Vertrauen zu erwerben,

> fördern und fordern.

Mehrere Studien zeigen aber, dass die Selbsteinschätzung der befragten Manager aus der ganzen Welt andere wichtige Faktoren unterstreicht, die ihrer Meinung nach entscheidend bei der Karriere sein können. Beispielhaft wurden an erster Stelle interdisziplinäres Denken und Handeln, gefolgt von konzeptioneller Gesamtsicht – unternehmerisch, strategisch und allgemein – aufgezählt.[103] „Handlung ohne Reflexion bedeutet Gedankenlosigkeit, Reflexion ohne Handlung Passivität.“[104] Als Schlüsselfaktoren in einer anderen Studie wurde an erster Stelle der positive Umgang mit dem ständigen Wechsel des Lebens, gefolgt von Konzentration auf den Markt anstatt auf innere Betriebsabläufe erläutert.[105]

Angehrn (1999) fasst mehrere Studien zusammen, um schlussendlich eine umfassende Erklärung der Anforderungen an eine Führungskraft darzustellen. Dabei werden diese sowohl aus Ressour-

---

[101] vgl. Adler/Bartholomew, 1992, S. 53
[102] vgl. Flöther, 1994, S. 22
[103] vgl. Berthel, 1992, S. 211
[104] Gosling/Mintzberg, 2004, S. 63
[105] vgl. Harari/Mukai, 1990, S. 21ff

cen[106] als auch aus Marktsicht[107] betrachtet. Die nachfolgende Abbildung soll eine bessere Übersicht liefern und die vier verschiedenen Arten von Hauptanforderungen auf eine detaillierterer Art und Weise abbilden.

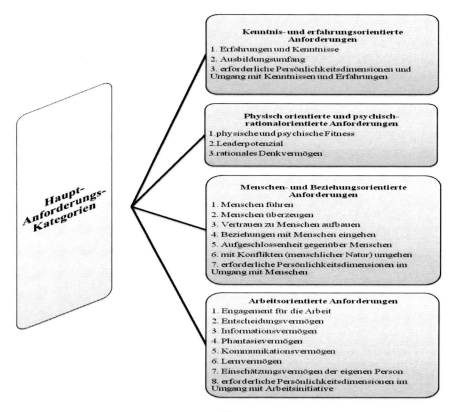

Abbildung 5: Anforderungskategorien nach Angehrn[108]

In diesem Modell stellt die Autorin eine Verbindung zwischen den situationsunabhängigen Anforderungen an Führungskräfte und der konkreten Unternehmensstrategie dar. Die Anforderungen werden in 4 Hauptkategorien unterteilt: kenntnis- und erfahrungsorientierte, physisch orientierte und psychisch-rationalorientierte, menschen- und beziehungsorientierte und arbeitsorientierte Anforderungen. Jede dieser Anforderungen enthält ein Bündel von untergeordneten Anforderungen, die entscheidend für den eigenen Erfolg sein können.

---

[106] vgl. Angehrn, 1999, S. 265ff
[107] vgl. Angehrn, 1999, S. 199ff
[108] eigene Darstellung, vgl. Angehrn, 1999, S. 178

Ob solche Modelle, die auf die Zusammenhänge zwischen den Eigenschaften des Top-Managements und der Unternehmensstrategie basieren, in der Tat auch durchführbar sind, lässt sich diskutieren. Gupta (1986) bringt Argumente vor, die gegen Konzeptionierungen, wie oben erörtert, sprechen:[109]

> **Notwendigkeit strategischer Flexibilität:** Führungskräfte sollten fähig sein, situationsbedingt zu reagieren. Durch ständige Unternehmensänderungen wird das Top-Management gefordert, flexibel zu agieren anstatt sich immer an die vorgegebene Strategie anzupassen;

> **Bedürfnisse der Managemententwicklung:** Nicht selten wird von den Führungskräften erwartet, dass sie sich in verschiedenen Unternehmensbereichen zurechtfinden und mehrere Geschäftsbereiche und unterschiedliche Strategien verstehen können. Eine strategiegerechte Suche und Auswahl von Führungskräften würde daher die Entwicklung einschränken und sich deswegen auch schlecht auf das Unternehmen auswirken;

> **Motivationsprobleme:** Top-Manager, die bereits die Möglichkeit hatten, bei der Entwicklung einer Strategie mitzuwirken, sind motivierter als solche, : eine Strategie annehmen mussten und sich dementsprechend angepasst haben;

> **Geringer Beitrag von Managern zum Unternehmenserfolg:** Der ständige Druck, einen Zusammenhang zwischen Führungskräften und ihrer Auswirkung auf den Unternehmenserfolg sowie ihren Beitrag auf die Unternehmensentwicklung herzuleiten, schränkt die Handlungsmacht ein und macht von den Gegebenheiten im Unternehmen abhängig. Das führt wiederum dazu, dass diese nur einen geringen Beitrag zur positiven Unternehmensentwicklung leisten können.

Jedoch würden alle diese Anforderungen nicht von Bedeutung sein, wenn eine Führungskraft nicht in der Lage wäre, sich selbst zu führen. „Wer Menschen führen will, möge gelernt haben, sich selbst zu führen."[110] Außerdem würde eine Person nicht zum Top-Management zählen, wenn das notwendige Bewusstsein nicht vorhanden wäre. "One must have an even more powerful conscience, coupled with intellectual capacity, good judgment, perspicacity, and certain qualities of personality to become the successful builder of a major business organization."[111]

---

[109] vgl. Gupta, 1986, S. 221ff
[110] Kirchner, 1994, S.11
[111] Levinson/Rosenthal, 1985, S. 260

2.2.3. Entwicklung von führenden Mitarbeitern

In der heutigen Zeit kommt es durch die zunehmende Globalisierung zu einem erhöhten Wettbewerbsdruck. Die stärker werdende direkte Konkurrenz zwingt Unternehmen dazu, sich permanent zu verändern und sich durch zahlreiche Verbesserungen an neue Umweltbedingungen anzupassen, um mit den Herausforderungen Schritt halten zu können. Die Veränderung von Strategien, die Neugestaltung von Prozessen sowie die Optimierung von Qualität sind notwendig, um sich gegen die Konkurrenz durchsetzen zu können. Von Führenden wird immer mehr erwartet. "Leaders confront situations that are highly complex, constantly evolving, and difficult to interpret."[112] Tatsache ist, dass die Erfolge eines Unternehmens zum einen von der Leistungsfähigkeit und zum anderen von der Leistungsbereitschaft ihrer Führungskräfte abhängig sind.[113] Um den Erfolg für ihr Unternehmen zu sichern, versuchen Unternehmen daher, ihre Führungskräfte durch verschiedene Entwicklungsmaßnahmen langfristig an das Unternehmen zu binden. Die daraus entstehende Sicherheit für berufliche Perspektiven innerhalb der Organisation wirken sich auf den zukünftigen Erfolg der Führungskräfte aus.[114] Erworbene Kenntnisse müssen lebenslang aktualisiert und modifiziert werden.[115] Daher haben vorbereitende und begleitende Trainings eine hohe Sinnhaftigkeit. Um festzustellen, welche Entwicklung für eine Führungskraft geeignet ist, kann sich die moderne Personalwirtschaft verschiedener Instrumente bedienen. „Auf der Basis von Informationen über Personen, Organisationseinheiten und Märkte können unternehmerische Entscheidungen über explizite und implizite Qualifizierungsprozesse getroffen werden. Durch solche Entscheidungen werden bildungs- und personalbezogene Entwicklungsmaßnahmen veranlasst."[116]

Unabhängig von den Investitionen, die eine Organisation für die Entwicklung ihrer Führungsmannschaft bereit ist zu tätigen, gibt es die sogenannte „Kernwerte", die sich nur schwer trainieren lassen. Dazu zählen die Bereitschaft zur Verantwortung, die emotionale Stabilität, Zuverlässigkeit, Frusttoleranz, Selbstkontrolle und Selbstdisziplin sowie die Einstellung, ob man Regeln befolgen möchte oder nicht.[117]

Da im Unterschied zu den restlichen Mitarbeitern Führungskräfte oft die oberste Entwicklungsstufe bereits erreicht haben, ist es schwer, ihnen bessere Perspektiven und Herausforderungen anzubieten. Die Entwicklungsmaßnahmen in diesem Fall betreffen eine Personengruppe, die

---

[112] House et al., 2004, S. 10
[113] vgl. Weinert, 2004, S. 723
[114] vgl. Strunk, 2005, S. 271
[115] vgl. v. Rosenstiel, 2008, S. 11
[116] Thom, 1987, S. 35
[117] vgl. Weinert, 2004, S. 724

zum einen bereits über ein sehr hohes Ausmaß an allgemeiner und fachspezifischer Problemlö-sungskompetenz verfügt und zum anderen auch sehr bildungserfahren ist.[118] Eine Möglichkeit, um die Karriereleiter weiter hinaufzuklettern, stellt eine Entsendung ins Ausland dar: "Results show that managers with international experience have more successful subjective (career satisfaction) and objective (income, number of subordinates, hierarchical level) careers."[119] Die Entwicklung kann aber nicht nur den Aufstieg innerhalb eines Unternehmens beinhalten, son-dern auch den Wechsel von Organisationen.[120]

Ob im Ausland oder Inland, wichtig bleibt, dass das Top-Management gefördert wird und die Executives die wesentlichsten Träger und Multiplikatoren von strategischen, kulturellen und strukturellbedingten Veränderungsprozessen sind.[121] Die Entwicklung kann sowohl in Richtung **interpersonale** als auch **intrapersonale** Skills gehen oder aber auch beide gleichzeitig fördern. Dazu bieten sich einige Praktiken zur Auswahl an, die sich auch in der Praxis bewährt haben:[122]

> **Formale Klassenzimmerprogramme:** Dies ist die meistverbreitete Methode, Führungs-kräfte weiter zu entwickeln. Im Rahmen eines Vortrages oder einer Präsentation wird Theorie vermittelt. Oft zieht sich so eine Förderungsmaßnahme über mehrere Tage im Rahmen eines Seminars. Anschließend kann eine Diskussionsrunde stattfinden;

> **Multisource Feedback:** Ein Feedback kann den Führungskräften bestimmte Denkpro-zesse aufzeigen, die ihnen helfen, über die eigenen Handlungen nachzudenken und zu re-flektieren. Dabei werden die erworbenen Kompetenzen bewusst. Feedback kann entwe-der aufgabenbegleitend stattfinden oder aber in einer Sitzung am Ende eines Lernprozes-ses;

> **Networking:** Um die Vernetzung im Betrieb zu erhöhen und gleichzeitig dadurch auch die eigenen Führungskräfte zu fördern, greifen viele Unternehmen auf die Organisation und Etablierung von regelmäßigen Frühstücksterminen, Unterhaltungsprogrammen im Internet und andere sozialorientierte Events zurück. Manager lernen dabei wichtige Sy-nergieeffekte zu nutzen und andere Sichtweisen zuzulassen, um den eigenen Horizont zu erweitern;

---

[118] vgl. Mayrhofer/Spitzauer, 2004, S. 100
[119] Biemann, 2009, S. 336
[120] vgl. Day/Harrison, 2006, S. 457
[121] vgl. Sattelberger, 1996, S. 21
[122] vgl. Day/Harrison, 2006, S. 458ff

➤ **Outdoor Challenges:** Hierbei handelt es sich um Programme, die außerhalb der Büro-räumlichkeiten stattfinden und in der Regel von einem ausgebildeten Trainer durchge-führt werden. Je nach Schwerpunkt gibt es die Möglichkeit für Führungskräfte, „spiele-risch" die Zusammenarbeit mit den anderen zu optimieren und Vertrauen aufzubauen. Die Spiele können sogar mit anstrengender Körperleistung verbunden sein und Mitarbei-ter und ihre Vorgesetzte an ihre Grenzen führen. Hier kann insbesondere Segeln ein Out-door Element darstellen, da dies sogar Führungskräfte vor neue Herausforderungen stel-len kann;[123]

➤ **Challenging Job Assigments:** Führungskräfte werden tagtäglich damit konfrontiert, schwere Entscheidungen zu treffen und mit aussichtslosen Situationen umzugehen. Um sie bestens darauf vorzubereiten oder aber auch, um sie im Laufe der Zeit in diese Rich-tung zu fördern, konfrontieren Unternehmen diese mit sehr komplexen Aufgaben. Dabei kann nicht nur die geistige Entwicklung gefördert werden, sondern auch die Fähigkeit im Team zu arbeiten, soziale Kompetenzen zu nutzen, Interaktionen zu gestalten und auch strategisch an Probleme heranzugehen. In erster Linie gilt es dabei die Führungskräfte aus ihrer Komfortzone herauszuholen, damit sie sich für die Aufgabe begeistern können und ihre volle Konzentration der Lösung widmen;

➤ **Action Learning:** Lernprozesse sind am effizientesten, wenn sie reale Alltagssituationen darstellen. Deswegen hat sich Action Learning als eine der besten Methoden bewährt, Führungskräfte zu entwickeln, indem man ihnen Aufgaben anvertraut, die den starken Anforderungen in der realen Arbeit entsprechen. Dabei haben Executives einen breiten Handlungsraum, um auszuprobieren und dabei zu lernen. Um die Herausforderung meis-tern zu können, steht einer Führungskraft im besten Fall ein Mentor als Berater zur Ver-fügung;

➤ **Mentoring:** Dabei handelt es sich um die Möglichkeit, einen Senior Manager zur Verfü-gung gestellt zu bekommen, von dem man lernen kann. Mentoring hat sich zwar in den meisten Unternehmen als funktional etabliert, eine Schwachstelle dieser Praktik ist aber, dass sich in der Beziehung eine gewisse Abhängigkeit entwickeln kann oder auch eine zu starke Beeinflussung des Mentors auf sein Protégé stattfindet. Das kann sich manchmal auch negativ auf die Weiterentwicklung des „Lernenden" auswirken.

---

[123] vgl. Mayrhofer/Spitzauer, 2004, S. 100ff

Eine weitere Entwicklungsmöglichkeit stellt auch das Coaching dar. Dabei ist es wichtig, dass man zwischen Mentoring und Coaching unterscheidet, denn im Vergleich zum Coaching besteht beim Mentoring kein konkreter Entwicklungsbedarf, der Mentor ist in der Regel nicht der direkte Vorgesetzte des Protégés, und er muss auch nicht einmal der selben Organisation angehören.[124]

> **Coaching:** Mit der Hilfe eines Coaches soll gelernt werden, wie man die Arbeit wirksamer erledigen kann und Leistungsprobleme leichter behebt. Der Prozess kann sowohl informell überall in der Organisation stattfinden oder formell, wenn das Programm auf die Person zugeschnitten ist. Es handelt sich um eine enge Partnerschaft, die zwischen 6 Monaten und 1 Jahr dauern kann.

So wie vor dem Beginn eines Programmes der Bedarf dafür gemessen werden soll, so ist es auch wichtig, nach dem Training zu messen, inwieweit die eingesetzten Maßnahmen eine erwünschte Wirkung gezeigt haben.[125] Dahingehend kann in der Literatur über eine Reihe von Instrumenten nachgeschlagen werden, auf die hier aber nicht eingegangen wird.

Freilich wird die Entwicklung des Top-Managements kein kurzfristig definiertes Ziel sein und meistens einen langwierigen Prozess darstellen.[126] Das Angebot an Programmen und Instrumenten soll auch dazu dienen, die Persönlichkeiten des Menschen zur Selbstentwicklung zu bewegen, um das eigene Bild besser reflektieren zu können. "Ultimately, leadership-development is a process of self development. The quest for leadership is first an inner quest to discover who you are."[127] Zusammenfassend lässt sich sagen, dass die Entwicklung dort am erfolgreichsten ist, wo Sicherheit, Vertrauen, Hilfestellung beim Lernen und Spaß am gemeinsamen Arbeiten keine Fremdwörter sind.[128] Unternehmen, die mit Veränderungsprozessen am Markt mithalten möchten, brauchen ausgebildete und kompetente Führungskräfte.

2.2.4. Fazit

In diesem Kapitel wurde nach einer kurzen Einführung auf Forschungsansätze aus der Sozialforschung eingegangen. Demzufolge kann das Bild einer Führungskraft als ein Zusammenhang zwischen bestimmten Persönlichkeitsmerkmalen (Charisma), der Wahrnehmung der Beziehung zwischen Führenden und Geführten und der Stärke einer inspirierenden Motivation und intellek-

---

[124] vgl. Weinert, 2004, S. 726ff
[125] vgl. Weinert, 2004, S. 731
[126] vgl. Day/Harrison, 2006, S. 457
[127] Kouzes/Posner, 1987, S. 298
[128] vgl. Day/Harrison, 2006, S. 460

tueller Stimulation von Gefühlen auf den Menschen gesehen werden. Dieses Bild kann mittels Vision im Sinne der strategischen Ziele auf das Unternehmen übertragen werden.

In der Folge wurde auf die Vorgehensweise bei der Suche und Auswahl von Führungskräften in Österreich eingegangen sowie auf mögliche Vor- und Nachteile, die aus den verschiedenen Rekrutierungswegen entstehen. Daraus wurde ersichtlich, dass Unternehmen je nach Situation und Bedürfnissen über die Wege der Rekrutierung entscheiden. Außerdem wurde ein Augenmerk auch auf den Personal-Organisations-Fit gelegt, der schlussendlich eine entscheidende Rolle bei der Entscheidung für oder gegen eine Zusammenarbeit zwischen Mitarbeitern und Unternehmen spielt.

Die Erwartungen, dass die Ziele in einer Organisation auch tatsächlich erreicht werden, sind groß und steigen immer mehr mit dem zunehmenden Druck, der sich aus der Globalisierung und dem globalen Wettbewerb ergibt. Demzufolge steigen auch die Anforderungen an die Führungskräfte, auf die im Detail eingegangen wurde.

Abschließend wurden die wichtigsten Methoden für die Entwicklung von Führungskräften abgebildet. Diese variieren von Organisation zu Organisation und sind schlussendlich abhängig von der Richtung und dem Bedarf der Entwicklung.

2.3. Karrieremodelle im Vergleich

„Jeder Mensch bildet nach Schein aus der Summe seiner Selbsterfahrungen hinsichtlich seiner Motive, Fähigkeiten und Wertvorstellungen ein Selbstkonzept, das zentral für die Karriere ist und immer bei Entscheidungen als Wegweiser zum Tragen kommt.“[129]

Wenn Karrierewege besonders attraktiv für Führungskräfte gestaltet werden können, dann gelingt es einem Unternehmen leichter die wichtigsten Know-How-Träger an sich zu binden. „Die Karriereplanung kann deshalb auch als Instrument der Personalerhaltung dienen. So bieten Karrieremodelle bei entsprechender Ausgestaltung mannigfaltige Anreize sowohl in materieller (positionsgerechte Entlohnung, evtl. zusätzliche Lohnwahlbestandteile) als auch in immaterieller (mehr Verantwortung, größerer Wirkungskreis, höheres Ansehen) Hinsicht.“[130] Dabei gibt es verschiedene Normvorstellungen von Karriere, die Berufslaufbahnen zur Orientierung vorgeben

---

[129] Sonntag, 1996, S. 141
[130] Friedli/Norbert, 2001, S. 27f

und eine Vorbildfunktion erfüllen.[131] In der modernen Gesellschaft wird die Karriere nicht mehr ausschließlich als ein Aufstieg in der Hierarchie gesehen.[132] Die Karriere wird immer mehr als eine Bewegung von einer Position zu einer anderen empfunden, wobei dies nicht immer vertikal innerhalb einer Organisation erfolgen soll, sondern auch horizontal und mit der Erweiterung der Aufgaben in Verbindung gebracht werden kann.[133] Unterschiedliche Personen im Unternehmen definieren ihre Karriere unterschiedlich im Hinblick auf die Talente, Motive und Werte.[134] Im Laufe der Jahre wurden mehrere Studien herausgebracht, die den Karriereerfolg näher definieren. Laut Gattiker und Larwood (1986) soll der Erfolg im Berufsleben auf 5 Faktoren basieren, nämlich auf job success, inter-personal success, financial success, hierarchical success und life success.[135] Weiters soll auch zwischen extrinsischgesteuertem und intrinsischgesteuertem Erfolg unterschieden werden.[136]

Clark (1992) sieht die Karriere als eine Reihe von geplanten oder ungeplanten Aktivitäten und Aufgaben, die die Weiterentwicklung, das Engagement und das persönliche Wachstum im Rahmen einer Periode beinhalten. Die individuellen Unterschiede in Bezug auf die Karriere hat er in 8 Karrieremodellen dargestellt: [137]

> **Triangle:** Angefangen bei der niedrigsten Position im Unternehmen, wird hier der Aufstieg aufgrund gut geleisteter und anerkannter Arbeit dargestellt, beinhaltet aber nicht eine geplante Reihenfolge von ausgeübten Positionen;

> **Ladder:** Hier wird die geplante und zielstrebige Verfolgung des Karriereaufstiegs gezeigt. Bei flachen Organisationen kann man dieses Modell leider nicht anwenden, da ein konsequenter Aufstieg nach oben nicht ermöglicht wird;

> **Spiral:** Der Aufstieg beinhaltet nicht nur den Wechsel von einer Position zu einer anderen, sondern auch den Wechsel des gesamten Gebietes, in dem man bis dato tätig war. Auch der Sprung zwischen mehreren Organisationen kann damit gemeint sein;

> **Steady state:** Stellt eine langfristige Periode dar, in der man in der gleichen Position bleibt;

---

[131] vgl. Strunk, 2009, S. 30
[132] vgl. Nicholson, 1996, S. 161
[133] vgl. Marinova, 1999, S. 55ff
[134] vgl. Weinert, 2004, S. 28
[135] vgl. Gattiker/Larwook, 1986, S. 78ff
[136] vgl. Nabi, 2001, S. 458ff
[137] vgl. Clark, 1992, S. 4

- ➢ **Transitory:** Es werden mehrere Phasen in einem oder mehreren Unternehmen durchlaufen.

- ➢ **Journeys and routes:** Impliziert den ungeplanten Durchlauf von Positionen;

- ➢ **Climbing frame:** Im Vordergrund steht die Wahrnehmung und Nutzung von Angeboten, die einem die Möglichkeit geben, die eigenen Erfahrungen und das Wissen zu erweitern sowie sich neue Fähigkeiten und Kenntnisse anzueignen. Dies wird in der Regel durch Weiterbildungen und Trainings oder Erfahrungsaustausch mit anderen Abteilungen ermöglicht. Im Vergleich zu „ladder" gibt es hier keinen geplanten Ablauf, wie man auf der Karriereleiter von unten bis ganz nach oben aufsteigen kann;

- ➢ **Roller coaster:** Stellt das rasche Auf und Ab dar, das man in vielen modernen Organisationen erleben kann.

Weiters wird in der Wissenschaft zwischen **Projekt-, Fach- oder Führungslaufbahn unterschieden.**[138] Der Anreiz, sich für den Weg einer Karriere als Führungskraft zu entscheiden, liegt in der großen Ausweitung der Gestaltungsmöglichkeiten. Vorteile wie Zuwachs von Prestige und Reputation, Einkommenssteigerung sowie Übernahme von unternehmerischem Risiko, resultieren in weiterer Folge aus der Entscheidung, sich in Richtung des Top-Managements zu bewegen. Die nachfolgende Abbildung soll die Karrieremodelle veranschaulich machen.

---

[138] vgl. Probst, 2000, S. 59

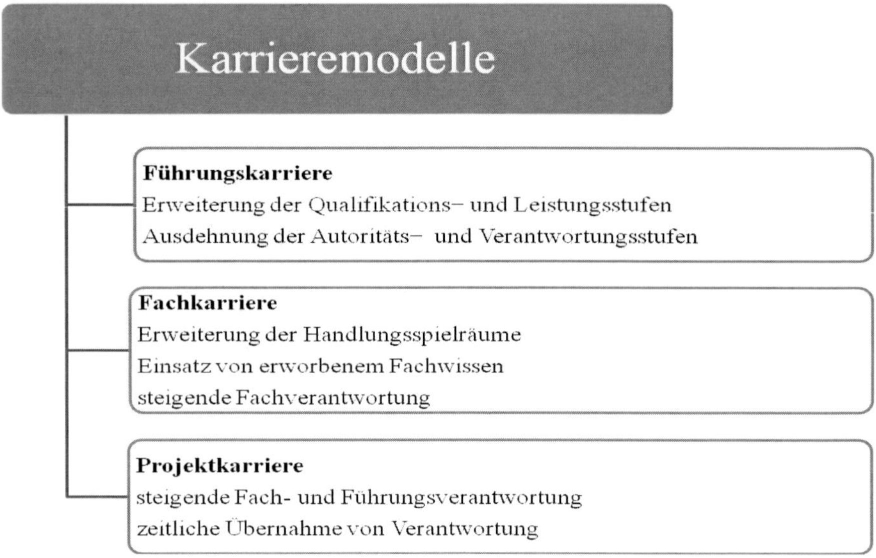

Führungskarriere
Erweiterung der Qualifikations– und Leistungsstufen
Ausdehnung der Autoritäts– und Verantwortungsstufen

Fachkarriere
Erweiterung der Handlungsspielräume
Einsatz von erworbenem Fachwissen
steigende Fachverantwortung

Projektkarriere
steigende Fach- und Führungsverantwortung
zeitliche Übernahme von Verantwortung

Abbildung 6: Karrieremodelle im Überblick[139]

Die **Führungskarriere** beinhaltet meistens den Aufstieg von ganz unten nach ganz oben, und sie ist mit der Erweiterung sowohl von Qualifikationsstufen als auch mit der disziplinären Verantwortung über Mitarbeiter verbunden.[140]

Friedli (2001) beschreibt die **Fachkarriere** als die Schaffung eines zweiten Hierarchiezweiges. Hier steht der Aufbau sowohl von fachlicher als auch von disziplinärer Verantwortung im Vordergrund.[141]

Das Streben nach einer **Projektkarriere** impliziert die Übernahme von komplexen und umfangreichen Aufgabenstellungen, die mit einer zeitlich begrenzten Erledigung verbunden sind. Meistens wird beobachtet, dass eine Projektlaufbahn als Sprungbrett für die spätere Entwicklung in Richtung einer Führungsposition benutzt wird. [142]

Eine angestrebte Karriere kann schlussendlich nur ein Teil des Puzzles darstellen. Vielmehr gilt es auch Einflussfaktoren zu beachten, die diese in die eine oder die andere Richtung lenken können. Ob man rasch auf der Karriereleiter aufsteigt, ist auch abhängig von der persönlichen Motivation und darf daher nicht pauschalisiert werden. Jedes Individuum nimmt die angebotenen

---

[139] eigene Darstellung in Anlehnung: an Probst, 2000, S. 59 und Friedli/Norbert, 2001, S. 30f
[140] vgl. Friedli/Norbert, 2001, S. 30f
[141] vgl. Friedli/Norbert, 2001, S. 33
[142] vgl. Friedli/Norbert, 2001, S. 35

Möglichkeiten und Chancen anders wahr und nutzt oder missachtet diese. Weiters spielen die festgelegten Ziele eine große Rolle und können enorm zu einer erfolgreichen Karriere beitragen.

Basierend auf Daten einer durchgeführten Studie, haben Dries, Pepermans und Carlier (2008) ein Modell zusammengestellt, in dem der Erfolg einer Karriere übersichtlich werden soll. Dabei haben sie auf die qualitative Forschung zurückgegriffen und mehrere Interviews mit Top-Managern geführt. Das Modell bildet vier Quadranten, in denen zwei Dimensionen abgebildet werden. In der ersten Dimension, auf der Horizontale, "affect" versus "achievement" werden Führungskräfte angeordnet, die sehr zielstrebig die Karriereleiter anstreben und Erfahrungen sowohl im Beruf als auch außerhalb des Berufslebens preisgeben. Auf der Vertikale ist die zweite Dimension abgebildet, der Führungskräfte zugeordnet werden, die Mitarbeiter schätzen, die ohne Kommunikation führen können und ihren Beitrag zu dem Unternehmenserfolg als hoch einschätzen.[143] In der nachfolgenden Abbildung soll das Modell des Karriereerfolges verdeutlicht werden.

---

[143] vgl. Dries/Pepermans/Carlier, 2008, S. 259

inter-personal

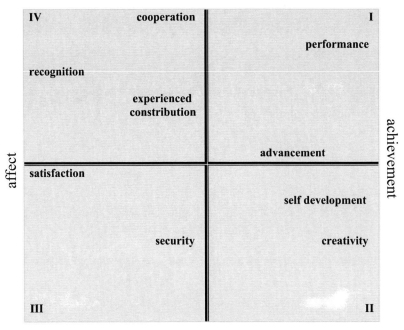

Abbildung 7: Career success construct nach Dries/Pepermans/Carlier[144]

I. **Inter-personal-achievement:** In diesem Quadrant wird der Erfolg aus Faktoren wie **performance** als Resultat der festgesetzten Ziele, **advancement** als Resultat von Wachstum, Erfahrungen und Aufstieg und **factual constribution** als Resultat von Hilfestellung als Individuum für die Organisation gebildet;

II. **Intra-personal-achievement:** Hier werden Faktoren wie **self-development** als Resultat der Eigensteuerung und das Sammeln von Erfahrungen sowie **creativity** für den Erfolg ausschlaggebend;

III. **Intra-personal-affect:** Erfolgsfaktoren in diesem Quadrant sind **security** for financial and employment needs sowie **satisfaction** in Bezug auf Familie und Arbeitsplatz;

---

[144] eigene Darstellung, vgl. Dries/Pepermans/Carlier, 2008, S. 260

IV. **Inter-personal-affect:** Dazu gehören Faktoren wie **recognation**, **cooperation** und **perceived constribution.**

Leistung allein kann oft nicht ausreichend sein, um dort zu gelangen, wo man auch hin will. „Leistung ist zwar Voraussetzung für den Aufstieg, eine Garantie dafür ist sie aber nicht."[145] Ob Herkunft, Schulausbildung, persönliche Weiterentwicklung oder aber die vorgegebenen Organisationsrahmen dafür verantwortlich sein können, damit sich manche Führungskräfte mehr weiterentwickeln als andere, wird in dem nachfolgenden Kapitel zum Vergleich der beiden Länder erst einmal theoretisch dargestellt. Die Einflussfaktoren, die sich auf die Karriere auswirken, werden dabei den Schwerpunkt darstellen.

Die Entwicklung der Karriere, die bestritten wird, wird sich jedoch in Zukunft weiter verändern. Weinert (2004) fasst die wichtigsten Gründe dafür zusammen:[146]

> ➢ Die Zeitdauer, die man am gleichen Arbeitsplatz, in derselben Position oder in demselben Spezialisierungsbereich bleibt, wird immer kürzer;

> ➢ Ununterbrochenes Lernen sowie der stetige Erwerb neuer Fähigkeiten wird notwendig;

> ➢ Die Zugehörigkeit zu einem und demselben Unternehmen wird nicht mehr als langfristiger Plan angesehen;

> ➢ Traditionelle und lineare Karrierepfade sollen nur noch Vergangenheit sein;

> ➢ Außerdem soll sich die Verantwortung für die Karriereentwicklung immer mehr auf den Mitarbeiter selbst übertragen, Organisationen werden somit entlastet.

Die Wahl des Karriereweges einer Führungskraft ist mit seinen Zukunftsplänen verbunden. Daher kann auch die Auswahl der Organisation beeinflusst werden, in der die beruflichen Herausforderungen erreicht werden sollen. Umgekehrt gilt es auch für Organisationen zu prüfen, inwieweit sie die Erwartungen der Führungskraft befriedigen können, um auch in einer langfristigen Kooperation mit dieser den Weg zum Erfolg beschreiten zu können.[147]

---

[145] Peebles, 2005, S. 144
[146] vgl. Weinert, 2004, S. 33
[147] vgl. Draganova, 2005, http://bjop.files.wordpress.com/2008/10/ruzha-draganova-doklad.pdf, [20.06.2011]

2.3.1. Einflussfaktoren auf die Karriere in Bulgarien

Die Dynamik und die wirtschaftliche Entwicklung, die in den letzten Jahren in Bulgarien beobachtet werden konnte, brachte auch eine zunehmende Bedeutung des Karrierewegs für Führungskräfte mit sich. Manager kämpfen um ihren Aufstieg im Berufsleben und zeigen sich immer flexibler und offener darin, sich neues Wissen anzueignen, um den Erfolg sicherzustellen. Solche werden in der Öffentlichkeit als sehr durchsetzungsstarke und zielstrebige Persönlichkeiten eingeschätzt, die in der Lage sind, zwischenmenschliche Beziehungen herzustellen und zu optimieren sowie für das Wohlbefinden, für Harmonie und das Miteinander zu sorgen. Nicht zuletzt sind es aber insbesondere die Persönlichkeitsmerkmale, die einer Führungskraft den Karriereweg ermöglichen. Ivanov (2008) beschreibt diese folgendermaßen:[148]

➢ **Die Verantwortung für die Gesamtorganisation tragen:** Es ist wichtig, dass die Führungskraft eine psychologische Verbindung zu den restlichen Mitarbeitern herstellt und motivationsgesteuert an den Tagesplan herangeht;

➢ **Emotionale Stabilität:** Wird in der Literatur als eine unabdingbare Voraussetzung betont. Dabei ist die Verfolgung festgesetzter Ziele im Laufe der Karriere von großer Bedeutung sowie die Fähigkeit, in Krisensituationen die richtigen Entscheidungen zu treffen und die entsprechenden Taten folgen zu lassen;

➢ Nicht zuletzt hat aber neben dem Gefühl der Verantwortung und der emotionalen Stabilität schlussendlich die **Intellektualität** einer Führungskraft an Wichtigkeit gewonnen. Sie ist entscheidend bei der Entwicklung der Karriere, die durchlaufen wird. Ohne sie wäre es einer Führungskraft nicht möglich, Probleme schnell zu erkennen, Zusammenhänge zu entschlüsseln und Risiken zu wagen, wenn diese für den eigenen und den Unternehmenserfolg wichtig sind. Weiters ermöglicht eine hohe Intellektualität, die eigenen Fachkenntnisse und eigene Kreativität richtig einzusetzen, in der Öffentlichkeit breit kommunizieren zu können sowie eine Argumentationsfähigkeit zu besitzen.

Basierend auf den obengenannten Persönlichkeitsdimensionen und deren Wirkung auf die Entwicklung und Rechtfertigung einer Karriere, fasst Ivanov (2008) in seinem Werk ein Modell für Strukturparameter zusammen, in dem er die oben genannten Merkmale um **Extraversion, Herzlichkeit** und **ehrliche Absichten** ergänzt.[149] Die Daten bauen auf einer durchgeführten Studie in den USA auf, die vom Staat und vom Pentagon vorangetrieben wurde. Demnach sei es

---

[148] vgl. Ivanov, 2008, S. 127
[149] vgl. Ivanov, 2008, S. 127

möglich, Führungskräfte besser zu bewerten und schlussendlich auch Auswirkungen auf die Karriereentwicklung als Schlussfolgerung ziehen zu können.

Die Gesamtwertung des Karrieredurchlaufs ist ein Arbeitsmodell, in dem beobachtet wird, wie das Wahrgenommene und Gelernte im Laufe des Prozesses der Eigenentwicklung in der Praxis umgesetzt wird. Die Managementliteratur berichtet ausführlich über eine durchgeführte Studie, die die Einflussfaktoren auf den Karrierelauf mittels Befragungen näher erläutern soll. Insgesamt haben 182 Führungskräfte an der Studie teilgenommen. Wichtig wäre an dieser Stelle noch zu erwähnen, dass sich die Probanden zu dem Zeitpunkt erst am Anfang oder in der Mitte ihrer Karriere befunden haben und 4 bis 14 Jahre nach der Erstbewertung erneut befragt wurden. Bei der Erstbewertung hat jede Führungskraft eine umfassende Voraussage für die Entwicklung der Karriere erstellt bekommen, die einem Wert von annähernd 0,79 entspricht und somit die große Verlässlichkeit der getroffenen Aussagen bestätigen soll. Die Aussagen für das Potenzial in Bezug auf die Entwicklung der Karriere basieren teilweise auf der Fähigkeit, unsichere und unklare Situationen zu bewältigen und komplexe Aufgaben zu entschlüsseln. [150]

Manager treffen andauernd Entscheidungen und steuern somit auch bewusst oder unbewusst ihre Karriere. Welche Karrierewege eingeschlagen werden, ist eine Frage, deren Beantwortung auf mehrere Einflussfaktoren zurückzuführen ist. Einerseits sind es die inneren Werte des Menschen, die ihn zur professionellen Entwicklung treiben, andererseits bleiben sicherlich auch die Familie, die Aus- und Weiterbildung und die Unternehmensstrukturen nicht unbeachtet. [151] Die nachfolgende Abbildung soll einen groben Überblick verschaffen, welche die wesentlichsten Einflussfaktoren sind, wobei diese Grafik keinesfalls eine vollständige Darstellung liefert, da die Einflussfaktoren auch von Mensch zu Mensch unterschiedlich sein können.

---

[150] vgl. Ivanov, 2008, S. 131f
[151] vgl. Draganova, 2005, http://bjop.files.wordpress.com/2008/10/ruzha-draganova-doklad.pdf, [20.06.2011]

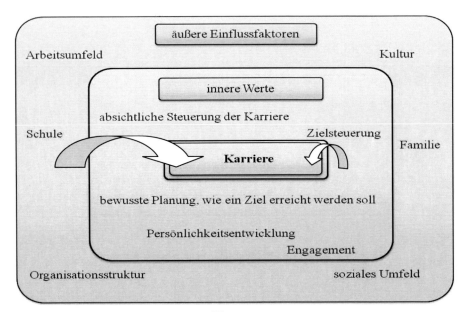

Abbildung 8: Einflussfaktoren auf die Karriere[152]

Die inneren Werte des Menschen beeinflussen unmittelbar den Verlauf einer Karriere. Teile davon sind die bewusste Planung und die absichtliche Steuerung bis zur Zielerreichung, die ein hohes Engagement und eine stetige Persönlichkeitsentwicklung innerhalb eines gewissen Zeitraumes nach sich ziehen.

Die äußeren Faktoren wie etwa Schulausbildung, Familie, soziales Umfeld sowie Organisationskultur haben in weiterer Folge eine wichtige Bedeutung und können die Karriere ebenso beeinflussen und eine bestimmte Richtung vorgeben.

Trotzdem gilt es zu entscheiden, welche Faktoren eine überwiegende Rolle bei der Beeinflussung spielen bzw. welche Faktoren es sind, die kaum eine Auswirkung auf die Karriere einer Führungskraft zeigen. Nicht unbeachtet bleibt auch, dass manche Topkräfte anders als andere eher zu kurzfristigen Erfolgen tendieren.

---

[152] eigene Darstellung in Anlehnung an: Draganova, 2005, http://bjop.files.wordpress.com/2008/10/ruzha-draganova-doklad.pdf, [20.06.2011]

"Individuals have different notions of their own career and its development as they set themselves different long-term and short-term goals. People who tend or are able to structure action plans and relate them to more distance perspectives are usually more persistent in their behavior. On the opposite are those who act according to short-term goals, have a hedonistic way of life living for the moment or fatalistically avoiding to worry about future which they anyway consider predetermined."[153]

Während die langfristige Sichtweise die konsequente Verfolgung der Ziele impliziert und eine zukunftsorientierte Denkweise voraussetzt, verläuft die kurzfristige Zielsetzung eines Karriereweges eher ungeplant und es ist unklar, wie die Erreichung möglich sein soll. Daher kann es auch zu kurzfristigen Pausen in der Steuerung der Karriere kommen, ohne dass diese auf die emotionale Stabilität der Führungskraft Auswirkungen hat. Nicht unbedeutend für die Entwicklung einer kurzfristigen oder langfristigen Steuerung der Karriere ist auch die Organisationsstruktur. Unternehmen, die sich an andauernde Umweltänderungen anpassen müssen, benötigen Führungskräfte, die Flexibilität aufweisen und auch ihre Karriere nicht von einer Zeitspanne in einem Unternehmen abhängig machen. Im Gegensatz dazu gibt es stabile Organisationstrukturen, die ihre internen Laufbahnmodelle auch langfristig festgelegen. Diese werden bereits beim Einstieg einer Führungskraft in das Unternehmen als Ziel der Weiterentwicklung präsentiert und schaffen somit eine optimale Rahmenbedingung für eine Entwicklung innerhalb des Unternehmens. Manager, die sehr zielstrebig die Erledigung von Aufgaben angehen, unterscheiden sich von anderen durch ihre Konsequenz und Hartnäckigkeit. Draganova (2005) beschreibt deren Verhalten und Handeln bei Aufgaben und ordnet diese 3 verschiedenen Typen zu:[154]

> ➤ Langfristige und ununterbrochene Arbeit an der zu erledigenden Aufgabe,

> ➤ die erneute Aufnahme einer Aufgabe, die bereits in der Vergangenheit angenommen und im Laufe der Zeit stillgelegt wurde,

> ➤ ununterbrochenes Streben bis zur Erreichung eines gemeinsamen Ziels.

Nur so schaffen es Top-Manager, sich bis an die Spitze hochzuarbeiten und auch langfristig erfolgreich zu bleiben. Um dies zu erreichen, müssen sie aber zuerst die Prioritäten erkennen können. Sie verstehen im Rahmen ihrer Arbeit und aufgrund der Anforderungen ihrer Vorgesetz-

---

[153] vgl. Draganova, 2005, http://bjop.files.wordpress.com/2008/10/ruzha-draganova-doklad.pdf, [20.06.2011]
[154] vgl. Draganova, 2005, http://bjop.files.wordpress.com/2008/10/ruzha-draganova-doklad.pdf, [20.06.2011]

ten, dass den kurzfristige aber festgelegten Ergebnissen, wie den Verkaufszahlen und Umsätzen, eine größere Bedeutung beigemessen wird als der Konzentration auf die Aufgaben in Bezug auf die Mitarbeiterführung. Daraus ableitend investieren sie im Laufe ihrer Karriere mehr Zeit für die ersteren als für die letzteren Aufgaben.[155]

Wichtige Informationen über die Sichtweise und Einflussfaktoren auf die Karriere und Entscheidungsfindung in Bulgarien liefert eine im Jahr 2000 veröffentlichte Studie, die auf der Befragung junger Karrieristen basiert. Dabei wurden insbesondere die Einflussfaktoren der Karriere, der Grad des Karriereoptimismus und die Karrierestrategien untersucht. Zu diesem Zweck haben die Autoren der Studie mittels offener Fragen in Erfahrung gebracht, welche Faktoren eine wesentliche oder weniger wesentliche Rolle im Leben der Befragten spielen. In der Abbildung, die nachfolgend zu sehen ist, sind die wichtigsten Einflussfaktoren mit einer Gewichtung in Prozenten abgebildet. [156]

Einflussfaktoren	Angaben in Prozent
Wirtschaftliche- und politische Situation	34,5
Informationen und Ratschläge der Eltern	20,7
Freunde und Bekannte	19,0
Verpflichtungen gegenüber der Familie	17,2
Berufserfahrung	10,3
soziale Vernetzung	10,3
Studienleiter und universitäre Einrichtungen	8,6
wahrgenommene Bedürfnisse	8,6
Rollenmodelle	6,9
selbstangeeignete Fähigkeiten und Fertigkeiten	3,4

Abbildung 9: Zentrale Einflussfaktoren auf die Karriere in Bulgarien nach Counsell/Popova[157]

Auf die Frage, was die Entwicklung und Karriere eines Bulgaren beeinflusst, wurde am öftesten die **politische Ordnung und Ökonomik** in Bulgarien als Hindernis genannt: "The strong influence of the political parties over economic life in the country."[158] Darunter wurden die hohen Steuern, die unsichere Wirtschaft gepaart mit dem Liberalismus und die Unfähigkeit der Politiker, faire Entscheidungen zu treffen, als negative Einflussfaktoren aufgezählt.[159] Als zweiter wichtiger Einflussfaktor auf die Karriere wurde die **Familie** genannt: "My parents

---

[155] vgl. Gratan, 2002, S. 202
[156] vgl. Counsell/Popova, 2000, S. 360ff
[157] eigene Darstellung, vgl. Counsell/Popova, 2000, S. 363
[158] Counsell/Popova, 2000, S. 363
[159] vgl. Counsell/Popova, 2000, S. 363

determined my professional choice and I don't regret this though I sometimes dream of what I really want to do – travel and meet a lot of people all around the world."[160]

An dritter Stelle wurde dem Einfluss der **Freunde und Bekannten** eine Gewichtung von 19 % beigemessen.

Je 10,3 % der Befragten nannten die bereits **erworbenen Berufserfahrungen** und die **Vernetzung in der Gesellschaft** als wichtige Faktoren in der Karriereentwicklung. Beziehungen spielen in einem Land wie Bulgarien eine große Rolle im Leben der Menschen, da alle sich aneinander orientieren, gewohnt sind, einander zu helfen und sich gegenseitig zu unterstützen. Das bleibt auch bei der beruflichen Entwicklung nicht unbeachtet. So kann es sein, dass in einem Unternehmen mehrere Verwandte im oberen Management beschäftigt sind und diesen auch mit Abstand größere Aufstiegschancen im Vergleich zu dem Rest der Beschäftigten eingeräumt werden.

Als weniger einflussreiche Faktoren wurden von den Probanden folgende genannt: **Studienleiter** und **universitäre Einrichtungen** sowie die **wahrgenommenen Bedürfnisse** (je 8,6 %), die **Rollenmodelle** (6,9 %) und die **selbstangeeigneten Fähigkeiten und Fertigkeiten** (3,4 %).

Die zweite Frage, die den Probanden gestellt wurde, zielte darauf ab, zu erfahren, mit welchem Grad des **Optimismus** die Bulgaren die Wege der Karriere betreten: "How optimistic or pessimistic are you about your career prospects?"[161] Als Gründe, optimistisch zu sein und eine positive berufliche Entwicklung zu erwarten, wurde an erster Stelle der Glaube an die eigenen Fähigkeiten und an das angeeignete Wissen genannt. Gefolgt wurde diese Antwort vom Vertrauen auf die positive Entwicklung der Wirtschaft und die damit verbundene höhere Motivation für die Steuerung der Karriere.

In der Studie kamen die Autoren zu einem ganz interessanten Ergebnis. Die Antworten der befragten Bulgaren wurden mit denen von Karrieristen aus Äthiopien verglichen. Während Äthiopien als das ärmste Land Afrikas gilt, zählte Bulgarien zur Zeit der Untersuchung noch zu einem der ärmsten Länder Europas. Erstaunlicherweise zeigten sich mehr Äthiopier als Bulgaren optimistischer und glaubten an eine bessere Zukunft im Berufsleben. Nichtsdestotrotz gaben die Bulgaren an, dass es hierbei wichtig wäre, die Hoffnung und den Optimismus nicht zu verlieren.

---

[160] Counsell/Popova, 2000, S. 363
[161] Counsell/Popova, 2000, S. 364

Wie die Ergebnisse gezeigt haben, spielt die ökonomische Entwicklung Bulgariens einen wesentlichen Grund für den Pessimismus der Menschen dar. Nicht zuletzt beeinflussen auch anderen Faktoren wie **„Mafia"**, Korruption, lückenhafte Judikatur und Politik die Einstellung der Menschen.[162]

In der nachfolgenden Abbildung wird der Optimismus bzw. Pessimismus der Bulgaren im Bezug auf eine Karriere in der Heimat verdeutlicht.

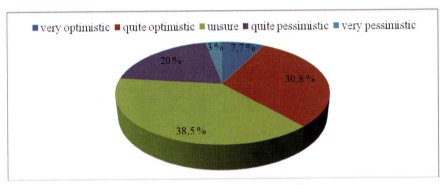

Abbildung 10: Karriereoptimismus bzw. -pessimismus in Bulgarien[163]

Die meisten Probanden waren sich in Hinsicht auf die Entwicklung ihrer Karriere unsicher (38,5 %). Optimistisch, was die Zukunft betrifft, gaben sich 30,8 % der Befragten. Jedoch bleibt ein relativ großer Teil der Befragten eher pessimistisch (20 %). Sehr optimistisch waren nur 7,7 % der bulgarischen Probanden, und nur 3 % waren sehr pessimistisch.

Die dritte Frage, auf die die Autoren der Studie eine Antwort gesucht haben, konzentrierte sich auf die Handlungsweise der Bulgaren und darauf, welche Strategien sie entwickelten, um schlussendlich die gewünschte Karriereleiter hinaufzuklettern und ihre Entwicklung sichtbar zu machen: "What strategies do you use to improve your changes of promotion and career advancement? From your experience, what strategies do others use to improve their changes of promotion and career advancement?"[164]

Die Förderung und **Entwicklung der eigenen Fähigkeiten** wurde am öftesten von den befragten Bulgaren als eine Strategie genannt, mit der man gewünschte Erfolge im Beruf erzielen kann und die sich auch auf die Karriere auswirkt. Trotzdem glaubten nicht alle Probanden in Bulgarien

---

[162] vgl. Counsell/Popova, 2000, S. 364
[163] eigene Darstellung in Anlehnung an: Counsell/Popova, 2000, S. 364
[164] Counsell/Popova, 2000, S. 365

daran, dass immer die Ausbildung der Schlüssel zum Erfolg sei. Als zweithäufigst genannte Strategie haben die Autoren in ihrer Studie die **Korruption** als eine strategische Vorgehensweise abgebildet, wobei hierbei zu beachten ist, dass das Wort „Korruption" von Land zu Land unterschiedlich aufgefasst werden kann und in der Studie das lokale Verständnis eingebracht wurde. "There are many illegal ways of holding a certain job."[165]

Erstaunlich bleibt die Tatsache, dass nur ein Drittel der Befragten die Kompetenzen und die **Leistung** im Unternehmen als eine Strategie für die Karriere sieht und nutzt. Noch weniger davon würden als Erfolgsschlüssel eine **Imageverbesserung** anstreben, nur um für den Senior Manager sichtbar zu werden.

Zusammenfassend lässt sich aus der Studie ableiten, dass in Bulgarien Wörter wie „Politik", „Korruption", „Mafia" und „Familie" eine große Bedeutung für die berufliche Entwicklung haben und diese sowohl positiv als auch negativ beeinflussen können. Erst nachrangig können sich die Karrieristen in Bulgarien vorstellen, dass man es aus eigener Kraft aufgrund Skills und guter Beziehungen innerhalb des Unternehmens schaffen kann, den Posten zu bekommen, den anstrebt wird.[166]

Um das Bild von Barrieren abzurunden, die auf dem Weg zur Karriere entstehen können, sollen die Ergebnisse einer weiteren Studie abgebildet werden. Zum Zweck der Untersuchung wurden insgesamt 300 Bulgaren befragt, von denen 152 männlich und 148 weiblich waren. Anhand verschiedener Fragebogen, die auf verschiedenen Theorien aus der Managementliteratur basierten, wurden neben den Bulgaren auch Leute aus Russland und Polen befragt, um in weiterer Folge auch die kulturellen Unterschiede zu untersuchen. Nachfolgend wird Rückschau auf die Gesamtergebnisse gehalten, insbesondere auf die, die aus den Befragungen der Bulgaren resultierten. Im Detail hatte die Studie das Ziel, herauszufinden, ob ein Zusammenhang besteht zwischen der eigenen Zielstrebigkeit und Disziplin und der Schwierigkeit, eine Karriere zu machen. Dabei wurde sowohl die Periode vor der Suche einer Stelle, die eine Karriere ermöglichen soll, in Betracht gezogen, als auch der Weg des beruflichen Aufstiegs.[167]

Als Barrieren vor dem Finden einer Beschäftigung in einer Organisation wurden das eigene „Ich", die Diskriminierung und die Lage des Arbeitsmarktes aufgezählt. Und als Barrieren, die

---

[165] Counsell/Popova, 2000, S. 365
[166] vgl. Counsell/Popova, 2000, S.364ff
[167] vgl. Dragova, 2007, S. 463ff

im Laufe des Aufsteigens entstehen können, wurden die persönlichen Faktoren, die Gegebenheiten innerhalb einer Organisation sowie der Rollenkonflikt genannt.[168]

Die Ergebnisse zeigen, dass bei Menschen, bei denen die eigene Motivation, Disziplin und der eigene Antrieb eine große Rolle spielen, die Probleme, die von der Außenwelt und der Wirtschaftslage herrühren, und auch Probleme persönlicher Natur als keine große Hürde empfunden werden. Das gilt sowohl für den Zeitraum vor dem Finden eines angestrebten Jobs als auch danach. Demzufolge finden selbstbewusste Menschen weniger Barrieren auf dem Weg zur Karriere als weniger selbstbewusste. Weiters haben die Ergebnisse der Studie bestätigt, dass die eigene Motivation und der Antrieb als Ressourcen genutzt werden und einen großen Beitrag leisten, wenn es um eine erfolgreiche Karriere geht. Solche Menschen empfinden sogar eine Diskriminierung nicht als Hindernis. Im Gegensatz dazu kämpfen Menschen, die die Überzeugung vertreten, dass Glück und bloße Chance die Karriere beeinflussen, mit größeren Barrieren. Solche lassen sich schnell von einer unsicheren Haltung lenken, fühlen sich oft diskriminiert und ihre Anstrengungen bringen schlussendlich weniger Erfolg.[169]

Die Einflussfaktoren und Barrieren können also vielfältig sein. Sie unterscheiden sich auch von Land zu Land. "In any country, a careerist will need to take account of the nature of the job and norms of organization."[170] Wenn man die Geschichte Bulgariens betrachtet, sind auch die Ergebnisse der oben abgebildeten Studie keine Überraschung für die Leser.[171] Ein Land wie Bulgarien hat gelernt, sich an politische Umwelteinflüsse anzupassen und einen Halt innerhalb der Familie und Freunde zu suchen. "The lack of trust in official institutions and social services was a largely compensated for with the use of personal relations. Since people could not meet their needs by legal means, their trust and loyalty went to family and friends."[172] Die Vergangenheit Bulgariens hat sichtbare Spuren in jedem Bereich der Entwicklung des Landes hinterlassen. Dies widerspiegelt sich auch heute in den Strategien der Menschen, wenn sie den beruflichen Erfolg anstreben.

---

[168] vgl. Dragova, 2007, S. 466
[169] vgl. Dragova, 2007, S. 467
[170] Could and Penley, 1984, Van Maanen, 1980 in Counsell/Popova, 2000, S. 367
[171] vgl. Counsell/Popova, 2000, S. 367
[172] Michailova/Iankova, 2003, S. 398f

2.3.2. Einflussfaktoren auf die Karriere in Österreich

Seit Jahrzehnten setzen sich Autoren und Forscher mit der Karriereentwicklung auch in Österreich auseinander. Das Ergebnis ist eine Sammlung von Theorienerklärungen, die uns ein besseres Verständnis bringen sollen, was schlussendlich die Karriere beeinflusst und welche Menschen über die besseren Voraussetzungen verfügen, eine erfolgreiche Laufbahn zu durchlaufen. Interessant ist darüber hinaus, dass in den meisten Fällen Führungskräfte ihre Karriere tatsächlich in einem sehr jungen Alter beginnen und sich das in ihrem Verhalten bemerkbar macht.[173]

Wenn jemand Karriere macht, wird davon ausgegangen, dass er diese von sich aus anstrebt, strategisch plant, bewusst steuert und proaktiv dazu beiträgt, eines Tages die eigenen beruflichen Ziele zu erreichen.[174] Jedoch gilt es auch nachfolgend festzustellen, ob dies immer vom Individuum ausgeht und ob es Einflussfaktoren gibt, die, gewünscht oder nicht, die Karriere in eine bestimmte Richtung lenken. Sicherlich lässt sich die Karriere von Faktoren wie Alter, Geschlecht, Position im Unternehmen und Ambition beeinflussen. Es sind aber noch andere Rahmenbedingungen vorhanden, die Auswirkungen haben und von den Organisationen und deren Umwelt abhängig sind.[175]

Interessanter wird es bei der nachfolgenden Untersuchung, welche Faktoren schlussendlich entscheidend sein können, wenn es darum geht, eine Karriere zu planen und diese zu verwirklichen. Zu diesem Zwecke haben Steyrer, Mayrhofer und Meyer (2005) das sogenannte Zwiebel- oder Schalenmodell entwickelt und eine übersichtliche Darstellung über die Einflussfaktoren geliefert. Diese sind zahlreich und auf mehreren Ebenen zu finden.[176]

---

[173] vgl. Levicki, 1998, S. 9
[174] vgl. Krieger, 1995, S. 30
[175] vgl. Kuijpers/Scheerens, 2006, S. 306
[176] Steyrer/Mayrhofer/Meyer, 2005, S. 15f

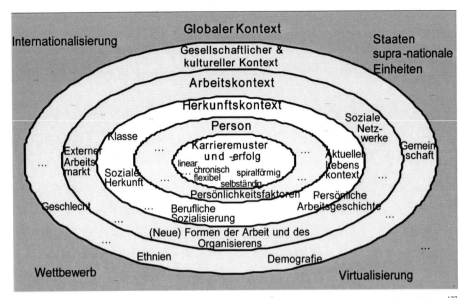

Abbildung 11: Zentrale Einflussfaktoren auf die Karriere in Österreich nach Steyrer/Mayrhofer/Meyer[177]

Dabei lassen sich 4 wichtige Schichten von Einflussfaktoren erkennen:

> **Die Person:** Hier spielen alle Persönlichkeitsfaktoren eine Rolle. Darunter fallen die emotionale Stabilität, Extraversion, die Gewissenhaftigkeit, Offenheit für neue Erfahrungen und soziale Verträglichkeit;

> **Herkunftskontext:** Darunter versteht man die Lebensgeschichte, die Menschen durchlaufen haben, in Bezug auf ihre soziale Herkunft, persönliche Arbeitsgeschichte, die Schicht und Klasse, berufliche Sozialisation bis hin zum aktuellen Arbeitskontext. Eine wesentliche Rolle für den Herkunftskontext spielen dabei die Bildung und wirtschaftliche Situation der Eltern sowie allgemein ihr Lebensstil. Dieser überträgt sich auf die Kinder und scheint, wie in weiterer Folge ersichtlich sein wird, auch nicht unwesentlich für deren Entwicklung und Erfolg im Beruf zu sein;

> **Arbeitskontext:** Ein weiterer Einflussfaktor scheint der Arbeitskontext zu sein. Da spielt unter anderem der Arbeitsmarkt eine Rolle, in dem sich die wirtschaftliche Lage widerspiegelt. Weiters werden hier auch die Formen der Arbeit und des Organisierens als Faktoren abgebildet, die ganz unterschiedliche Gestalt annehmen können. Dem sozialen Netzwerk scheint auch Wichtigkeit beigemessen zu werden;

---

[177] Steyrer/Mayrhofer/Meyer, 2005, S. 16

➢ **Gesellschaftlicher und kultureller Kontext:** Darunter werden die Rahmenbedingungen verstanden, die sich auf die Geschlechter, unterschiedliche ethnische Gruppen, die demografische Entwicklung und die Gemeinschaft beziehen;

➢ **Globaler Kontext:** Als allumfassender Kontext der übergeordneten Darstellung beinhaltet er die Internationalisierung, die viele Organisationen immer wieder vor neue Herausforderungen stellt. Er bezieht den steigenden Wettbewerb mit ein, der ein Druckmittel für eine bessere Performance sein kann, und nicht zuletzt beinhaltet er die neu entstehenden Staatenverbunde.

Um das Modell erfolgreich interpretieren zu können, spielt hier auch die Unterscheidung zwischen **objektivem** und **subjektivem Karriereerfolg** eine wesentliche Rolle.[178] Bei ersterem liegt der Fokus auf dem Berufsverlauf und lässt sich in Fakten wie Einkommen, Aufstieg, Prestige des Jobs, Zahl der geführten Mitarbeiter und Ausmaß der übertragenen Führungsverantwortung im Zeitverlauf messen. Hierbei sind Außenstehende in der Lage, die Karriere von jemandem anderen anhand der oben aufgezählten Komponenten zu beurteilen. Im Gegensatz dazu wird der subjektive Karriereerfolg von der persönlichen Dimension dominiert, umfasst Dinge, die die einzelnen Personen für sich selbst als Erfolgsmaßstab festlegen und lässt sich in der eigenen Karrierezufriedenheit messen. Dabei wird verschiedenen Dimensionen, wie beispielsweise Einkommen, Arbeitsplatzsicherheit, Beförderung, investierte Zeit und Entwicklungsmöglichkeiten, unterschiedliche Bedeutung zugeschrieben.[179]

Diese Unterscheidung ist insofern wichtig, da es sich hierbei um 2 verschiedene Sichtweisen handelt, die jedoch bei jedem Menschen, der nach Karriere strebt, zu finden sind. Studien belegen, dass auch die kulturellen Unterschiede für die Karriereorientierung von großer Bedeutung sein können.[180] Bei der Untersuchung haben sich fünf Karriereanker herauskristallisiert: Vorwärtskommen, Freiheit, Nach-oben-Kommen, Gleichgewicht und Sicherheit, wobei dem Vorwärtskommen die bedeutendste Rolle beigemessen wird. Festgestellt wurde bei den Untersuchungen außerdem, dass subjektiver und objektiver Karriereerfolg nicht parallel laufen.[181]

Die Persönlichkeit eines Menschen soll schlussendlich auch einen großen Beitrag dazu leisten. Jedoch ist diese nicht alleine für die berufliche Entwicklung verantwortlich. Vielmehr sollte man Herkunft, Kultur, Umwelteinflüsse und soziale Beziehungen analysieren sowie die gesamte

---

[178] vgl. Steyrer/Mayrhofer/Meyer, 2005, S. 15
[179] vgl. Biemann, 2009, S. 337
[180] vgl. Derr/Laurent, 1989, S. 456ff
[181] vgl. Mayrhofer et al., 2005, S. 31

wirtschaftliche und politische Entwicklung eines Landes mit einbeziehen. Im Rahmen eines Projektes an der Wirtschaftsuniversität Wien wurde diesbezüglich eine Studie mit mehr als 1.000 Absolventen durchgeführt.[182]

Als **personenbezogene Merkmale,** die sich auf den Karriereweg auswirken, haben sich laut der Studie die Führungsmotivation, die emotionale Stabilität und die Karriereaspiration herauskristallisiert:[183]

> ➤ Unter **Führungsmotivation** lässt sich das Streben nach einer autoritären Verantwortung beschreiben, die Menschen in ihrem Beruf mehr oder weniger anstreben. Diese kann einen Großteil der Zufriedenheit der Karrieristen ausmachen. Dabei orientieren sich die Führungskräfte an der Motivation, Macht auszuüben und andere Menschen in eine gewisse Richtung zu lenken. Dies stellt eine Befriedigung dar, die sich auch in der Persönlichkeit des Menschen erkennen lässt;

> ➤ **Emotionale Stabilität:** Ob jemand eine hohe oder niedrige emotionale Stabilität aufweist, kann ganz leicht daran erkannt werden, wie er mit Stresssituationen umgeht. Im ersteren Fall sind Leute in der Lage, sehr positiv zu sein, sich we, _r auf negative Ereignisse zu konzentrieren und sehr realitätsnah das Geschehen zu betrachten. Das ist im Gegensatz dazu bei Menschen mit niedriger emotionaler Stabilität weniger der Fall. Die Studie berichtet, dass Menschen mit mittlerer und hoher emotionaler Stabilität sowohl einen hohen subjektiven als auch objektiven Karriereerfolg aufweisen. Menschen mit niedriger emotionaler Stabilität erleben hingegen sowohl den objektiven als auch den subjektiven Karriereerfolg als ungenügend;

> ➤ **Karriereaspiration:** Hinsichtlich der angestrebten Karriere lassen sich organisationale und postorganisationale Karrieren unterscheiden. Im ersteren Fall haben die Befragten ihren Wunsch geäußert, Teil einer größeren Organisation zu sein. Im Fall einer postorganisationalen Karriere wird eine Selbstständigkeit angestrebt und eine Karriereentwicklung außerhalb von vorgegebenen Strukturen und Rahmen. Hierbei konnte die Studie keine großen Unterschiede hinsichtlich der Karriereorientierung bei subjektivem und objektivem Karriereerfolg nachweisbar machen;

---

[182] vgl. Strunk/Steyrer, 2005, S. 57ff
[183] vgl. Strunk/Steyrer, 2005, S. 57ff

Ein wesentlicher Teil der durchgeführten Untersuchungen wurde dem Einfluss der **sozialen Herkunft** auf die Karriere gewidmet, anhand dessen die Fragen beantwortet werden sollen, ob Kinder tatsächlich ihren Eltern „folgen" und ob Schul- und Hochschulausbildung ein Kriterium für den späteren Aufstieg sein könnten.[184]

Die Studie hat gezeigt, dass Kinder, die aus einer **höheren sozialen Schicht** kommen, bereits in jungen Jahren die Möglichkeit bekommen, sehr viel von ihrem Umfeld zu lernen. Sprachreisen, „richtiges" Benehmen und Kunstkenntnisse erleichtern es später, eine Karriere zu machen. Es wurde auch gezeigt, dass Manager, die aus solchen Schichten stammen, öfters mehrere Sprachen sprechen und ein bestimmtes Verhaltensmuster verinnerlicht haben, das in der Businesswelt auch tatsächlich erwartet wird.[185]

Weiters steht ihnen bereits frühzeitig ein bestimmter **Kreis von Netzwerken** zur Verfügung, der sicherlich für das spätere Vorankommen hilfreich oder sogar entscheidend sein kann.[186] Ein weitentwickeltes Netzwerk bei Führungskräften soll weit mehr als 100 Kontakte betragen.[187] Der Aufbau von Netzwerken steht auch in einem engen Zusammenhang mit den „makropolitischen Taktiken"[188] und kann vom Unternehmen durch Aufstiegsentscheidungen belohnt werden.[189]

Die Studie verdeutlicht, inwieweit **mikropolitische Taktiken** Einfluss auf den Verlauf der Karriere nehmen können.[190] Diese entwickeln sich im Laufe der Jahre zu einem Mechanismus, auf dem man bei Bedarf zurückgreifen kann. Darunter werden dann bestimmte Verhaltensweisen verstanden wie: Organisationsmitglieder in Abhängigkeit bringen, gegenseitige Verpflichtungen aufbauen, Verhaltensbeeinflussung durch Kommunikation und Erhöhung der eigenen Reputation.[191] Jedoch macht sich hier die Tatsache bemerkbar, dass in den westeuropäischen Kulturen der Eigeninitiative, den erworbenen Kenntnissen und Fähigkeiten sowie der Selbstdisziplin eine größere Bedeutung eingeräumt wird als karrieretaktischen Aktivitäten. Nichtsdestotrotz darf man solche Aktivitäten nicht unterschätzen und es sollte in Betracht gezogen werden, dass diese auch dann genutzt werden können, wenn es einem persönlich nicht behagt.[192] „Konzentrieren sich CEO-Anwärter zu sehr darauf, das zu tun, was sie bisher zum Erfolg geführt hat, begehen sie

---

[184] vgl. Meyer/Iellatchitch, 2005, S. 101ff
[185] vgl. Meyer/Iellatchitch, 2005, S. 105ff
[186] vgl. Meyer/Iellatchitch, 2005, S. 105ff
[187] vgl. Kotter, 1982, S. 72
[188] vgl. Schirmer, 1991, S. 232
[189] vgl. v. Rosenstiel, 2004, S. 31
[190] vgl. Steyrer/Schiffinger, 2005, S. 79ff
[191] vgl. Schirmer, 1991, S. 232
[192] vgl. Strunk/Hermann/Praschak, 2005, S. 229

einen entscheidenden Fehler: Sie kümmern sich zu wenig darum, wichtige Beziehungen zu pflegen, vor allem Beziehungen zu ihren Vorgesetzten."[193]

Offener Druck, **Beziehungsopportunismus** und die Taktik des **Sichanbiederns** wurden als die 3 häufigsten Taktiken identifiziert, die in der Businesswelt ausgeübt werden, um schneller Erfolg zu haben.[194]

Ein anderer Punkt, auf dem das Interesse bei den Untersuchungen lag, war es, herauszufinden, ob Kinder, deren Eltern über eine **Universitätsausbildung** verfügen, auch einen Hochschulabschluss anstreben. Deutlich wurde, dass es tatsächlich der Fall ist, dass ein Großteil der Kinder die Schulmuster der Eltern befolgen, und sie lassen sich auch bei der Berufsauswahl von ihnen beeinflussen. Ein gutes Beispiel dafür sind oft ganze Ärzte- oder Rechtsanwältefamilien. Herausgefunden wurde außerdem, dass darüber hinaus auch das Prestige der Universität einen Einfluss auf das Prestige des Managers hat.[195] Eine hohe Ausbildung beeinflusst insofern die Karriere der Manager, da sie ihnen helfen kann, ihre kognitiven Fähigkeiten besser einzusetzen, Situationen zu analysieren, komplexe Zusammenhänge zu erkennen sowie unstrukturierte Aufgaben schneller zu bewältigen.[196]

Als ein weiterer hilfreicher Einflussfaktor für das Vorankommen im Berufsleben wird die **Berufserfahrung bereits während des Studiums** angesehen. Absolventen haben es deutlich einfacher, eine Führungsposition zu erreichen, wenn sie sich auf diese rechtzeitig vorbereiten und schon früh in diese Richtung arbeiten. Trotz der daraus resultierenden Verlängerung der Studienzeit, ist der Vorteil im Nachhinein enorm groß.[197]

Wenn jemand Karriere machen will, lohnt es sich für ihn auch, Überlegungen zu tätigen, wo er diese machen kann, sprich sich im Vorfeld Gedanken darüber zu machen, welche Organisationen die Rahmenbedingungen dafür anbieten und überdies einen guten Ruf haben, der sich später als hilfreich für die Karriere darstellen kann. Studien geben an, dass Spitzenführungskräfte in traditionell aufgebauten Organisationen weniger das unternehmerische Potential nutzen können als in solchen, wo moderne und flexible Rahmenbedingungen herrschen.[198]

---

[193] Ciampa, 2005, S. 153
[194] vgl. Steyrer/Schiffinger, 2005, S. 86
[195] vgl. Mayrhofer/Schiffinger, 2005, S. 136
[196] vgl. Papadakis/Barweise, 2002, S. 83ff
[197] vgl. Mayrhofer/Schiffinger, 2005, S. 141
[198] vgl. Meffert/Backhaus/Becker, 2007, S. 29

Früheren Erfahrungen wird nach Jahrzehnten keine große Bedeutung mehr beigemessen. Beim Einkommen wirkt es sich aber insofern aus, dass Manager mit langjähriger Berufserfahrung beim Neueinstieg in ein Unternehmen ein höheres Einkommen erhalten können.[199]

Andere Studien fügen die Auslandserfahrung als bedeutend für die Karriere hinzu. Top-Manager mit solchen **Erfahrungen** weisen nach Biemann (2009) im Vergleich zu solchen ohne vergleichbare Erfahrungen sowohl einen hohen subjektiven als auch objektiven Karriereerfolg nach. Sie können dabei nicht nur ein höheres Gehalt und eine höhere Zahl von unterstellten Mitarbeitern vorweisen, sondern geben auch eine höhere Karrierezufriedenheit an.[200]

Zusammenfassend lässt sich anhand der durchgeführten Untersuchungen feststellen, dass es zwar an einem selbst liegt, inwieweit er proaktiv seine Karriere steuert, sein Netzwerk ausbaut und die angebotenen Gegebenheiten in einem Unternehmen nutzt.[201] „In einem solchen Kontext gewinnen Karrieretaktiken wie Selbstüberwachung und Networking ebenso an Relevanz wie machiavellistisches Verhalten."[202] Jedoch nehmen bestimmte Faktoren wie Herkunft, Ausbildung und Familie Einfluss auf den beruflichen Verlauf. Das sind Größen, die man sich nicht aussuchen kann. Noch weniger sinnvoll wäre es, den Erfolg einer Führungskraft im Beruf an Parametern wie der Geschwindigkeit des Aufstieges auf der Karriereleiter, Macht und Einfluss, Gehaltsniveau oder Zahl der unterstellten Mitarbeiter festzumachen.[203] Es ist ein wechselseitiger Kapitalaustausch zwischen Organisation und Individuum, bei dem Unternehmen von den Karrieremachern ebenso profitieren wie umgekehrt. Die Erfahrungen, die man im Laufe der Karriere sammelt, können sich sehr positiv auf die individuellen Charaktermerkmale einer Führungskraft auswirken.[204] Daher sollten attraktive Umweltbedingungen geschaffen werden, um Karrierewege zu erleichtern.[205]

2.3.3. Fazit

Es wäre unseriös zu behaupten, dass anhand der oben abgebildeten Studien ein absolut konkreter Vergleich der beiden Länder in Bezug auf die Einflussfaktoren der Karriere geliefert werden kann. Jedoch bilden die Daten eine solide Basis an Informationen, die durchaus einen Vergleich erlauben. Die Ergebnisse sind umfassend, und so können interessante Zusammenhänge erkannt und analysiert werden.

---

[199] vgl. Strunk/Mayrhofer/Iellatschitch, 2005, S. 163ff
[200] vgl. Biemann, 2009, S. 354
[201] vgl. King, 2003, S. 7
[202] Mayrhofer et al., 2002, S. 407
[203] vgl. v. Rosenstiel, 2004, S. 20
[204] vgl. Mumford et al., 2000, S. 24
[205] vgl. Inkson/King, 2011, S. 43

Die Tatsache, wie Menschen angebotene Möglichkeiten wahrnehmen und deren Entwicklung schätzen, kann als Barriere oder Ressource für eine erfolgreiche Karriere gesehen werden. Wenn man Bulgarien und Österreich in Bezug auf das berufliche Weiterkommen erforscht, wird man feststellen, dass es doch Unterschiede gibt und den Einflussfaktoren auch unterschiedliche Gewichtung beigemessen wird. Während in Bulgarien die Menschen mehr Einfluss seitens der Politik, der Wirtschaftslage sowie der Aktivitäten seitens der „Mafia" wahrnehmen, scheinen die Menschen in Österreich mehr auf das eigene Streben und Erfolgspotenzial einzugehen und auch selbst proaktiver für ihre Karrieren zu handeln. Die Studien in Bulgarien erbrachten die Ergebnisse, dass eine universitäre Ausbildung als weniger wichtig für den eigenen Erfolg angesehen wird, als dies in Österreich der Fall ist. Während in Österreich bereits in den vergangenen Jahren ein Auslandstudium und das Sammeln von Erfahrungen in fremden Ländern leichter ermöglicht wurde, war dies in einem Land wie Bulgarien aufgrund der politischen Lage sehr schwierig.

Ein wesentlicher Unterscheidungspunkt zwischen den beiden Ländern dürfte das Thema „Korruption" sein. Während die Menschen in Bulgarien diese als ernstzunehmenden Einflussfaktor nennen und sie selber auch als Taktik für die Erreichung der Ziele nutzen, scheint sie in Österreich kaum ein Thema zu sein. Man könnte sich natürlich aber auch die Frage stellen, ob dies in Österreich ein Bereich ist, über den man wenig spricht, oder ob in der Tat die Korruption nicht als Einfluss wahrgenommen und angewendet wird. Dafür wurden aber in Österreich die makropolitischen Taktiken als einflussreich auf die Karriere identifiziert. Diese können durchaus die Erreichung der angestrebten Ziele positiv beeinflussen.

Während bereits gesammelte Erfahrungen in Österreich als eine Hilfestellung für die weiteren Erfolge wahrgenommen werden, liefern die Daten aus der Befragung der bulgarischen Karrieristen keine Aussage dazu. Auch die Berufserfahrung neben dem Studium stellt in Bulgarien keinen erfolgversprechenden Faktor dar. In Österreich wird diese ernstgenommen, da die Absolventen der Meinung sind, dadurch schneller Führungspositionen erreichen zu können. In diesem Zusammenhang nehmen sie deshalb auch die längeren Studienzeiten gerne im Kauf.

Zusammenfassend lässt sich die Schlussfolgerung ziehen, dass Menschen in Österreich selbstbewusstes Auftreten in Bezug auf die Karriere an den Tag legen und dem eigenen Beitrag einen großen Wert zuschreiben. Im Gegensatz dazu scheinen die Bulgaren relativ stark die äußeren Einflüsse wahrzunehmen und diese für die Erreichung der beruflichen Ziele verantwortlich zu machen.

Grundsätzlich können durchaus einige Unterschiede in den Ländern festgestellt werden. Da die Daten nicht aus einer Studie stammen, die beide Länder gleichzeitig untersucht hat, um den direkten Vergleich zu liefern, blieben dementsprechend manche Fragen unbeantwortet.

3. Methodik

Die theoretischen Ansätze wurden bereits beschrieben. Nachfolgend gilt es, diesen Teil mit einer empirischen Untersuchung zu untermauern und mit der Erhebung von Daten die Realität in den untersuchten Ländern abbilden zu versuchen.

Um festzustellen, welche Methoden sich am besten für den Zweck anbieten, wurde folgender Vergleich vorgenommen:

> ➤ **Qualitative versus quantitative Erhebung:** Bei der Auswahl zwischen quantitativer und qualitativer Forschung wurde deswegen der Schwerpunkt auf die qualitative Forschung gelegt, weil es hierbei um die Entwicklung von Personen geht und der Interviewpartner als Objekt betrachtet wird, von dem neue Erkenntnisse gewonnen werden, und nicht wie bei quantitativer Forschung, wo es gilt, schon bestehende Kenntnisse aus der Vergangenheit zu bestätigen.[206] Ein Nachteil, der in Kauf genommen wurde, war, dass nur eine kleine Stichprobe untersucht werden konnte. Die erhobenen Interviews wurden in weiterer Folge interpretiert. Der Vorteil war, dass es dabei gelang, sich genauer mit der Komplexität des einzelnen Teilnehmers zu beschäftigen, was bei einer umfangreicheren Stichprobe nicht möglich gewesen wäre;[207]

> ➤ **Offene versus geschlossene Fragen:** Bei offenen Fragen erhält man keine festgelegten Antworten, sondern diese werden von den Befragten völlig selbstständig formuliert. Hier konnten die Interviewpartner frei über ihre Erinnerungen sprechen. Sie halfen dabei Bezüge herzustellen und Ungewissheiten auszuräumen. Geschlossene Fragen hingegen geben alle Antwortmöglichkeiten vor. Vom Befragten wird lediglich erwartet, dass er sich für eine oder mehrere von ihnen entscheidet und etwas wiedererkennt.[208] Im empirischen Teil wurde es für sinnvoll erachtet, mittels offener Fragen an einem gezielten Resultat zu arbeiten, da es sich hierbei um die „Lebensgeschichten" der Führungskräfte handelte, die unmöglich in vorgegebenen Antwortmöglichkeiten erfasst werden konnten;

> ➤ **Strukturiertes versus unstrukturiertes Interview:** Um möglichst treffende Antworten auf die Fragen zu erhalten und schlussendlich die Auswertung so informativ wie möglich zu gestalten, fiel die Entscheidung auf strukturierte Interviews, bei denen ein vorgefertigter Fragebogen verwendet wurde. Der Vorteil von strukturierten Interviews im Gegenteil zu unstrukturierten ist, dass sie weniger zeitaufwändig sind, vorstrukturierte Daten liefern

---

[206] vgl. Cropley, 2011, S. 65
[207] vgl. Oswald, 1997, S. 73ff
[208] vgl. Atteslander, 2008, S. 136ff

und sich leichter analysieren lassen.[209] Nichtsdestotrotz war es bei der Durchführung wichtig, dass sich die Fragen den Erzählungen der Führungskräfte anpassten.[210] Daher kann gesagt werden, dass es sich hier um eine „teilstrukturierte"[211] Form der Interviewerhebung handelte.

Bei der Untersuchung wurden biografische Interviews mit je 10 Führungskräften aus Bulgarien und Österreich durchgeführt. Die Auswahl, welcher Interviewtyp zur Verwendung kommen sollte, fiel auf das biografische Interview, weil es den direkten Vergleich von Lebensläufen, deren Gemeinsamkeiten und Unterschieden ermöglicht und die Zusammenhänge zwischen verschiedenen Aspekten des Denkens, des Handelns und der Lebensgeschichte darstellen lässt.[212] Die Geschichten sind umfassender und liefern so entscheidende Informationen für die Untersuchung.[213] Ein möglicherweise daraus entstandener Nachteil war, dass der Interviewpartner nur das erzählte, was ihm als wichtig erschien. Das muss bei dieser Art von Interviews jedoch in Kauf genommen werden.[214]

Der Kontakt zu den Interviewpartnern entstand zum einen über das eigene berufliche Netzwerk und zum anderen über formelle Kontaktaktaufnahmen zu Preisausgezeichneten oder sehr medienpräsenten Führungskräften. Diese wurden bereits mehrerer Wochen vor der Durchführung telefonisch bzw. schriftlich kontaktiert und ihre Zustimmung wurde eingeholt.

Vorbereitung und Aufbau der Erhebung
Dafür wurde eine Reihe von qualitativer Literatur herangezogen, die Auskunft über die Regeln für die Zusammenstellung eines Fragebogens lieferte und eine gute Vorbereitung auf das Interview ermöglichte. Mittels des sogenannten leitfadengeschützten Interviews ist es möglich, trotz offener Gespräche und der daraus resultierenden Erweiterung der Antwortmöglichkeiten den Bezugsrahmen und das Ursprungziel zu erhalten, um die spätere Auswertung und den Vergleich möglich zu machen.[215] Daher wurde diese Vorgangsweise als sinnvoll für die Untersuchung erachtet und in Betracht gezogen. Der Fragebogen wurde nach Kriterien zusammengestellt, die darauf abzielen, die theoretischen Grundlagen aus den zwei Ländern mit den gestellten Fragen zu überprüfen und einen Zusammenhang oder Unterschiede daraus abzuleiten. Der daraus entstandene Fragebogen wurde bereits im Vorfeld den Interviewpartnern übermittelt.

---

[209] vgl. Cropley, 2001, S. 139
[210] vgl. Atteslander, 2008, S. 125
[211] vgl. Schnell/Hill/Esser, 1995, S. 300
[212] vgl. Mey/Mruck, 2011, S. 267 in Anlehnung an: Thomae, 1952
[213] vgl. Stangl, 1997, http://arbeitsblaetter.stangl-taller.at/FORSCHUNGSMETHODEN/Interview.shtml, [05.05.2012]
[214] vgl. Fuchs-Heinritz, 2000, S. 80
[215] vgl. Schnell/Hille/Esser, 1995, S. 353

Auswahl der Interviewpartner

Bei der Auswahl der Interviewpartner wurde kein Fokus auf eine bestimmte Branche gelegt. Es wurde vielmehr darauf geachtet, dass ein vielseitiger Mix an Branchen entsteht. Als Interviewpartner wurden Top-Führungskräfte herangezogen, die bereits umfangreiche Erfahrungen in dem jeweiligen Land sammeln konnten. Bei den Unternehmen handelte sich um große und mittelständische Firmen. Darüber hinaus wurde Augenmerk darauf gelegt, dass auch in Bezug auf die Geschlechter und Altersgruppen eine ausgewogene Balance herrscht. Die Interviewpartner sowie die Unternehmen werden anonym bleiben, wobei dies keinerlei Auswirkung auf die Qualität der Erhebung hat.

Interviewpartner in Bulgarien

Es wurden 5 Interviews mit Frauen in Führungspositionen geführt, die sich im Alter zwischen 37 und 60 Jahren befanden und die eine Geschäftsleitung bzw. eine Vorstandposition inne hatten. Die restlichen 5 Interviews wurden mit männlichen Führungskräften im Alter zwischen 35 und 55 Jahren geführt. Es bildete sich ein Vielfalt an vertretenen Branchen heraus: Banksektor, IT-Dienstleister, Pharmaindustrie, Petroleumbranche, Produktions- und Bauunternehmen.

Interviewpartner in Österreich

Um einen qualitativen Vergleich zu ermöglichen, wurden in Österreich auch genau 10 Interviews geführt. 7 davon wurden mit männlichen Führungskräften im Alter zwischen 43 und 52 Jahren geführt und die restlichen 3 mit weiblichen im Alter zwischen 47 und 48 Jahre. Leider hat sich als schwierig herausgestellt, auch in Österreich eine gute Balance zu halten und eine gleiche Aufteilung der Geschlechter zu ermöglichen. Dies entstand aus dem Grund, weil es sich als deutlich komplexer erwiesen hat, weibliche Führungskräfte in vergleichbar hohen Positionen wie in Bulgarien zu finden, die auch bereit waren, ein Interview zu geben. Bei den ausgewählten Branchen handelte es sich um Unternehmen aus dem Banksektor, der Pharmaindustrie, dem Verlagswesen, der Petroleumbranche, dem Transport sowie Gesundheitswesen, den Produktions- und Bauunternehmen.

Ablauf und Durchführung von Interviews

Der Großteil der Interviews fand in den Räumlichkeiten des Unternehmens statt, in denen die Führungskräfte tätig sind. Aus logistischen Gründen wurde jedoch ein kleiner Teil der Befragungen in der Lobby-Bar ausgewählter Hotels mit ruhiger Atmosphäre geführt. In der Regel dauerten die Interviews zwischen 40 und 80 Minuten. Um möglichst genaue Ergebnisse für die

Studie zu liefern, wurden die Interviews mittels Diktiergerät aufgenommen und danach transkribiert.[216] Die Interviews wurden in der jeweiligen Landessprache geführt.

Im nachfolgenden Kapitel werden die Interviews, die aus den untersuchten Ländern stammen, nach den Aussagen der Interviewpartner zusammengefasst, um einen Vergleich der Theorie mit der Praxis zu erhalten. In weiterer Folge werden auf die darauf basierenden Erkenntnisse Empfehlungen abgegeben.

<u>Auswertung der Interviews</u>

Das bereits transkribierte Datenmaterial wurde paraphrasiert, generalisiert und reduziert und schlussendlich in verschiedene Kategorien unterteilt, die als wichtig im Vergleich mit der Literatur erschienen.[217] Als erstes wurden die Ergebnisse der beiden Länder getrennt voneinander ausgewertet. Danach wurden die Kategorien aus beiden Ländern gegenübergestellt, um auch den Vergleich zwischen Bulgarien und Österreich sichtbar zu machen.

3.1. Auswertung sozio-demografischer Background

Zur Einführung in das Gespräch wurden die Probanden gebeten, sich vorzustellen und über ihre Herkunft bzw. Familie und Ausbildung zu erzählen. Demnach lautet der genaue Wortlaut von Frage 1 folgendermaßen:

Stellen Sie sich bitte vor und erzählen Sie mir über ihre Herkunft, Familie und Ausbildung!

Ziel dieser Frage war zu es erfahren, aus welchen familiären Verhältnissen die Probanden stammen, ob es die befragten Führungskräfte bis an die Spitze mit mittlerer Reife geschafft haben oder ein Studium angestrebt wurde. Weiters war es von Interesse zu erfahren, ob die Befragten aus einem Elternhaus stammen, in dem mindestens ein Elternteil über eine universitäre Ausbildung verfügt. Dies stellte sich deswegen als wichtig heraus, da es möglicherweise einen Zusammenhang gibt zwischen dem, was die Eltern erreicht hatten und dem Weg, den ihre Kinder als Erwachsene eingeschlagen haben. Deshalb wurde auch der Beruf der Eltern in der Befragung berücksichtigt. Überdies wurde auch versucht in Erfahrung zu bringen, ob die Eltern über eine universitäre Ausbildung verfügten und ob es den Probanden bereits im Elternhaus in die Wiege gelegt wurde, dass ein Studium wichtig für die Weiterentwicklung ist.

---

[216] vgl. Lamnek, 2005, S. 402f
[217] vgl. Mayring, 2003, S. 59

3.1.1. Ergebnisse aus der Auswertung sozio-demografischer Background in Bulgarien

Sowohl alle weiblichen als auch alle männlichen Befragten weisen mindestens ein abgeschlossenes Studium nach. 3 männliche und 1 weibliche Führungskraft absolvierten ein weiteres Magisterstudium. Von den weiblichen Führungskräften entschieden sich 2 nach dem ersten Studium, ihre universitäre Ausbildung mit einem Doktoratstudium fortzusetzen. 4 von 5 männlichen sowie 4 von 5 weiblichen Führungskräften erzählten, dass mindestens ein Elternteil über einen universitären Abschluss verfügt.

Von allen Befragten erzählte lediglich 1 weibliche Person, dass sie in die Fußstapfen ihrer Eltern getreten ist und das gleiche Business fortgesetzt hat. Diese bezeichnete ihre Familie als eine, die zu den Aristokraten gehört, die ihren Kindern sehr viele Entwicklungsmöglichkeiten geboten hat. Weiters betonte diese Probandin, dass es für sie ganz klar war, dass man studieren muss, weil beide Eltern ein Studium nachweisen konnten. Sie habe auch gar nicht darüber nachgedacht, ob sie studieren möchte oder nicht, es war genau so selbstverständlich wie ein Abschluss der mittleren Reife, und das, was die Eltern vorgezeigt hatten, war das Minimum, was man im Leben erreichen sollte. Alle anderen Befragten erzählten, dass ihre Eltern einen anderen Beruf ausüben als den eigenen.

	männlich	weiblich
Magisterstudium	5	5
Doppelstudium	3	1
Doktoratstudium	0	2
Mind. ein Elternteil mit Magisterstudium	4	3
Eltern in der gleichen Branche	0	1

Abbildung 12: Auswertung sozio-demografischer Background in Bulgarien

Die Schlussfolgerung aus den Ergebnissen ist, dass ein Studium für alle Führungskräfte eine unabdingbare Voraussetzung zu sein scheint, wenn sie in weiterer Folge Karriere machen möchten. Top-Manager, die ein zweites Studium absolvierten, teilten mit, dass dies aus dem Grund notwendig war, weil das Erststudium in eine sehr spezielle Richtung ging, sodass die allgemeinen wirtschaftlichen Kenntnisse in einem zweiten Studium erworben werden mussten. In den Gesprächen wurde mehrmals erwähnt, dass ohne finanzwirtschaftliche Kenntnisse kein Betrieb geführt werden kann und daher auch Führungskräfte, die beispielsweise Medizin studiert hatten, in weiterer Folge ein Wirtschaftsstudium angestrebt haben. Solche, die ein Doktoratstudium absolvierten, nannten keinen Grund für diese Entscheidung, außer, dass sie es für richtig hielten, sich immer weiterzuentwickeln.

Ein interessanter Faktor ist, dass der Teil der Eltern, die eine Hochschulreife besitzen, überpräsentiert ist, was möglicherweise als Vorbild für die Kinder gedient hat. Jedoch ist der Anteil der Führungskräfte, die dem Beruf ihrer Eltern folgten, deutlich unterrepräsentiert und es lässt sich daraus nicht die Schlussfolgerung ziehen, dass die Führungskräfte die Berufswege der Eltern eingeschlagen haben.

3.1.2. Ergebnisse aus der Auswertung sozio-demografischer Background in Österreich

5 von insgesamt 7 männlichen Führungskräften weisen ein Magisterstudium nach. 1 Person aus dieser Gruppe hatte ein Doppelstudium. Die 3 weiblichen Befragten wiesen alle entweder ein Magisterstudium, ein Doppelmagister- oder ein Doktoratstudium nach. Lediglich 1 männliche Führungskraft hatte keinen universitären Abschluss. Die Person erzählte, dass sie in der Vergangenheit ein Studium begonnen hatte, aber im Laufe der Zeit musste sie es aufgrund eines sehr aufwendigen Jobs abbrechen. Sie war der Meinung, dass sie möglicherweise früher eine Position an der Spitze des Unternehmens erreicht hätte, wenn sie einen Abschluss gehabt hätte. Ihren eigenen Kindern würde diese Person ein Studium empfehlen.

Lediglich jeweils 1 männlicher und 1 weiblicher Proband berichtete davon, dass mindestens ein Elternteil einen universitären Abschluss nachweisen konnte. Die restlichen 8 Führungskräfte erzählten, dass sie aus einfachen Verhältnisse kommen und die Eltern eher nur in mittleren Positionen arbeiten würden.

Von den Eltern der 10 Befragten in Österreich war kein Elternteil in der gleichen Branche tätig.

	männlich	weiblich
Magisterstudium	6	3
Doppelstudium	1	1
Doktoratstudium	0	1
Mind. ein Elternteil mit Magisterstudium	1	1
Eltern in der gleichen Branche	1	0

Abbildung 13: Auswertung sozio-demografischer Background in Österreich

Im Vergleich zu den vorangegangenen Studien, über deren Ergebnisse bereits in diesem Buch berichtet wurde, konnte kein eindeutiger Zusammenhang zwischen der Branche der Eltern und dem Beruf der Kinder festgestellt werden. Auch in Familien, in denen sowohl die Mutter als auch der Vater beide den gleichen Beruf ausgeübt haben, entschieden sich die Kinder dafür, einen anderen Weg im Berufsleben einzuschlagen.

3.1.3. Ergebnisse aus der Auswertung sozio-demografischer Background im direkten Vergleich der Länder

Wie aus den oben geschilderten Auswertungen ersichtlich wurde, erschien die Absolvierung einer universitären Ausbildung als sehr wichtig sowohl für die Führungskräfte in Bulgarien als auch für die in Österreich. Lediglich eine Führungskraft aus Österreich erreichte die oberste Führungsebene ohne ein Studium. Diese musste aber mittels mehrerer Zusatzkurse die fehlenden Kenntnisse erwerben. Weiters teilte die Person mit, dass schon einmal ihre interne Bewerbung für die Geschäftsführerposition abgelehnt wurde, da die finanzwirtschaftlichen Grundlagen für die Führung eines Betriebes fehlten.

Ein Doppelstudium wurde in beiden Ländern meist dann angestrebt, wenn die Führungskräfte im Erststudium eine Fachrichtung gewählt hatten, in der keine betriebswirtschaftlichen Kenntnisse erworben worden waren.

Der Abschluss eines Doktoratstudiums war jedoch in beiden Ländern unterrepräsentiert und wurde dann angestrebt, wenn die Führungskräfte besonders ambitioniert waren nicht nur ihre Karriere weiterzubringen, sondern sie auch in ihre akademische Ausbildung weiter investieren wollten. Niemand vermerkte aber, dass ein Doktoratstudium aus Sicht des Betriebes notwendig gewesen wäre.

Ein Unterschied ist jedoch, dass die Mehrheit der Elternteile der bulgarischen Führungskräfte selbst auch über eine höhere Ausbildung verfügt, während dieser Anteil in Österreich deutlich unterrepräsentiert ist. In den Interviews aus Österreich wurde mehrmals genannt, dass die Eltern die Möglichkeit zum Studieren nicht hatten, die sie aber ihren Kindern ermöglichen wollten.

In beiden Ländern konnte gezeigt werden, dass kein Zusammenhang zwischen dem Beruf der Eltern und dem der Probanden vorhanden war, jedoch erfolgreiche Eltern ein gutes Beispiel für ihre Kinder sind.

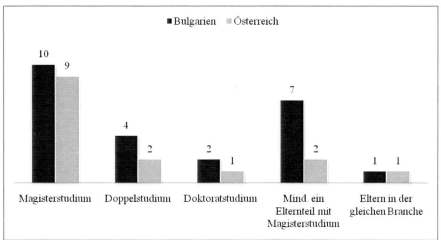

Abbildung 14: Vergleich sozio-demografischer Background in Bulgarien und Österreich

Sollte der Bezug zu der in diesem Buch bereits beschriebenen Theorie und zu den Ergebnissen aus vorangegangen Studien hergestellt werden, kann auch hier festgehalten werden, dass die Wichtigkeit eines Studiums sowohl in Bulgarien als auch in Österreich bestätigt werden konnte.

Ein Unterschied ergibt sich jedoch aus dem Einfluss der Eltern auf die Berufsentscheidung ihrer Kinder. Auch wenn die Absolvierung einer höheren Ausbildung bei den Eltern für die Probanden als ein gutes Vorbild diente, konnte kein deutlicher Einflussfaktor auf den Beruf erkannt werden. Auch bei Familien, in denen beide Eltern den gleichen Beruf ausgeübt haben, konnte nicht festgestellt werden, dass die Kinder das Business der Eltern übernommen und weitergeführt haben. Die soziale Herkunft der Eltern übte keinen Einfluss auf die Entwicklung der Kinder aus.

3.2. Auswertung Karrieretypus

Mit Fortsetzung des Gespräches wurden die Führungskräfte aufgefordert, über ihren Einstieg ins Berufsleben zu erzählen sowie über den Verlauf der Karriere bis zu ihrer jetzigen Position. Demnach lautet der Wortlaut von Frage 2 folgendermaßen:

Würden Sie mir bitte über Ihre Erfahrungen im Berufsleben erzählen, beginnend von Ihrem Berufseinstieg bis zu ihrer jetzigen Position?

Dabei wurde Wert darauf gelegt zu erfahren, ob die Führungskräfte es aus eigener Initiative soweit geschafft haben und inwieweit überhaupt Karriere als solche angestrebt wurde. Weiters war es interessant herauszufinden, ob sich ihre Karriere ausschließlich in einem kontinuierlichen Aufsteigen widerspiegelt oder ob Schritte abseits der Führungslaufbahn nachweisbar sind.

3.2.1. Ergebnisse aus der Auswertung Karrieretypus in Bulgarien

Von den 10 Befragten erzählten lediglich 2 männliche und 2 weibliche, dass sie bereits während des Studiums gearbeitet haben. Die, die diese Erfahrung gesammelt haben, betonten, dass dies von essentieller Bedeutung für ihre berufliche Weiterentwicklung war.

Interessant ist die Tatsache, dass 4 von insgesamt 5 weiblichen Führungskräften ausschließlich an ihrer Führungskariere gearbeitet haben und diese auch bewusst gesteuert haben. Lediglich eine männliche Person stieg von Anfang an kontinuierlich von der untersten Stufe bis zu der obersten Stufe in die Führung auf. Daraus kann abgeleitet werden, dass die Frauen in Führungs-positionen sehr zielstrebig die Entscheidung treffen, ob sie Karriere machen wollen die sich in einer Führungsrolle widerspiegelt wird. Die männlichen Führungskräfte zeigten mehr Interesse an der fachlichen Entwicklung, und insgesamt 4 von 5 waren bereit, einen Schritt abseits des kontinuierlichen Aufstiegs zu machen, um sich in einem Fachbereich stärker zu entwickeln, auch wenn dies manchmal zu einem Rückschritt in der beruflichen Entwicklung führte.

Von allen Probanden erzählte nur eine weibliche, dass sie ihr gesamtes Berufsleben in der gleichen Organisation verbracht hat. Für alle anderen war der Wechsel zwischen Organisationen mit einer Weiterentwicklung verbunden und wurde deswegen auch gezielt angestrebt.

Alle weiblichen Probanden teilten außerdem mit, dass sie eine Auslandskarriere aufgrund der Familie abgelehnt haben und stark daran glauben, dass sie heute erfolgreicher wären, wenn sie sich dafür entschieden hätten. Sie bevorzugten jedoch eine Karriere im Inland, mit der sie besser die Balance zwischen Beruf und Familienleben halten können.

	männlich	weiblich
Berufserfahrung währen des Studiums	2	2
ausschließlich Führungskarriere	1	4
Fachkarriere	4	1
Gesamtkarriere in der gleichen Organisation	0	1

Abbildung 15:Auswertung Karrieretypus in Bulgarien

Auch wenn der Einstieg ins Berufsleben in der Regel durch eine Bewerbung erfolgte, erzählten die meisten Probanden, dass ihre Karriere ein Bündel von aneinander gereihten Zufällen sei. Die weiblichen Befragten haben es trotz Familienzuwachs geschafft, kontinuierlich aufzusteigen, ohne dabei Babypause zu machen.

3.2.2. Ergebnisse aus der Auswertung Karrieretypus in Österreich

Alle 3 weiblichen Befragten erzählten, dass sie bereits während des Studiums gearbeitet haben. Von allen 6 männlichen Führungskräften, die einen universitären Abschluss nachweisen, haben 2 neben der Studienzeit gearbeitet, wobei es an dieser Stelle zu betonen gilt, dass Ferialpraktikum nicht als Berufstätigkeit gewertet wurde.

3 von insgesamt 7 männlichen Führungskräften haben bereits in jungen Jahren eine Führungsrolle übernommen und haben sukzessiv mit dem Aufstieg in der Hierarchie mehr Verantwortung und Mitarbeiter übernommen. Die restlichen 4 männlichen Top-Manager erzählten, dass sie im Laufe ihres Berufslebens einen Schritt seitwärts gemacht haben, um sich auch in anderen Bereichen zu spezialisieren. Demzufolge war das meistens mit einem Rückschritt in der Hierarchie und den Führungsaufgaben verbunden. Sie erachten die Zeit bis heute aber als durchaus sinnvoll für den weiteren Verlauf ihres Berufslebens.

2 von insgesamt 3 weiblichen Probanden erzählten, dass sie kontinuierlich in der Hierarchie aufsteigen konnten. Lediglich 1 bevorzugte es, einen Schritt abseits zu machen, wobei sich dies aus dem Wechsel der Länderverantwortung und privaten Gründen ergeben hatte und nicht gezielt angestrebt wurde.

Es stellte sich heraus, dass 4 von 7 männlichen Führungskräften ihre gesamte Entwicklungszeit in der gleichen Organisation verbracht haben. Meistens haben sie als Trainee dort angefangen und konnten im Laufe der Jahre mehrere Positionen innerhalb der Organisation durchlaufen. 1 weibliche Führungskraft konnte über den gleichen Verlauf berichten.

	männlich	weiblich
Berufserfahrung währen des Studiums	2	3
ausschließlich Führungskarriere	3	2
Fachkarriere	4	1
Gesamtkarriere in der gleichen Organisation	4	1

Abbildung 16: Auswertung Karrieretypus in Österreich

Dass die Berufserfahrung neben dem Studium Absolventen einen schnelleren Aufstieg verschafft, ist bekannt. Die Ergebnisse dieser Befragung konnten aber die Erwartungen nicht bestätigen, dass eine Überrepräsentanz solcher Führungskräfte vorhanden war.

Weiters ist sehr interessant, dass die Hälfte aller Befragten in Österreich keinen kontinuierlichen und gezielten Aufstieg in der Hierarchie verzeichnete.

Erstaunlich ist aber, dass die Hälfte aller Probanden ihre gesamte Entwicklung in der gleichen Organisation gemacht haben. Diese weisen meistens eine sehr dynamische Bewegung innerhalb der Organisation nach, die des Öfteren mit sehr viel Aufbau verbunden war und sich aus dem Wachstum des Unternehmens in anderen Ländern ergeben hat.

3.2.3. Ergebnisse aus der Auswertung Karrieretypus im direkten Vergleich der Länder

Die Ergebnisse in Bulgarien und Österreich gleichen einander sehr. Lediglich 1 Führungskraft mehr in Österreich weist eine Berufserfahrung neben dem Studium nach. In beiden Ländern haben jeweils die Hälfte aller Probanden entweder eine Fachkarriere oder ausschließlich eine Führungskarriere gemacht.

Äußerst interessant ist aber der Vergleich, wenn es um Führungskräfte ging, die ihre gesamte Entwicklung in demselben Unternehmen absolvierten. Die dynamische wirtschaftliche Entwicklung Bulgariens, die in den letzten 20 Jahren stattgefunden hat, war auch mit sehr vielen Umstrukturierungen, Neueröffnungen oder Schließungen von Betrieben verbunden. Dies widerspiegelt sich wiederum in der Kontinuität der Betriebszugehörigkeit einer Führungskraft. Ein Proband erzählte, dass er mehrmals die Branche gewechselt hat, da die Betriebe, in denen er tätig war, zahlreiche Umstrukturierungen erfahren hatten. Investoren aus dem sland führten neue Geschäftsfelder ein und versuchten das Business in Bulgarien anzukurbeln. Oft kam es aber vor, dass sie entgegen aller Hoffnungen mit dieser Geschäftsidee nicht Fuß fassen konnten und gezwungenermaßen die Betriebe nach nur wenigen Jahren wieder schließen mussten. Meistens wurden für die Führung dieser Betriebe einheimische Führungskräfte gewählt, die die Gegebenheiten des Landes gut kannten.

Eine andere Führungskraft erzählte, dass sie im Laufe ihrer Berufserfahrung bereits 3 Mal die Möglichkeit hatte, Auslandsunternehmen von den noch offenen Feldern für Business Development in Bulgarien zu überzeugen. Auch diesmal handelte es sich um völlig verschiedene Branchen. Sobald der Markt gesättigt war, kam es auch in diesem Fall meistens zur Schließung oder Umstrukturierung des Unternehmens.

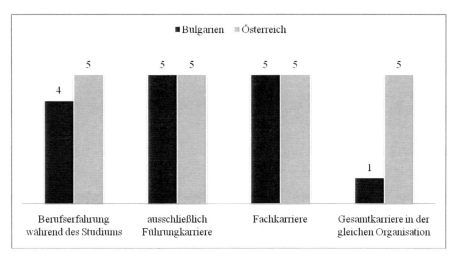

Abbildung 17: Vergleich Karrieretypus in Bulgarien und Österreich

Ausnahmslos alle Führungskräfte in beiden Ländern waren im Laufe ihrer Karriere schon einmal für den Aufbau von Betrieben verantwortlich. Während in Bulgarien dies meistens im eigenen Land der Fall war, wurden Führungskräfte in Österreich großteils mit dem Aufbau von Niederlassungen in den Nachbarländern beauftragt.

Von allen 20 Befragten erläuterten 2 aus Österreich, dass sie das Wort Karriere nicht verwenden möchten und auch nicht verstehen, was genau damit gemeint ist. Beide bevorzugten es im Gespräch, auf andere Synonyme auszuweichen und machten darauf aufmerksam, dass sie selber keine Karriere gemacht haben.

Sowohl alle bulgarische als auch alle österreichische Probanden äußerten, dass sie nicht gezielt von Beginn an Karriere machen wollten. Ab einer gewissen Stufe steuerten die weiblichen Führungskräfte in Bulgarien bewusster ihren beruflichen Werdegang.

Alle Probanden berichteten, dass sie immer nur das gemacht haben, was ihnen Spaß gemacht hat. Im Laufe der Zeit wurden die Anstrengungen belohnt und sie konnten auch in der Hierarchie aufsteigen. Insgesamt 4 Führungskräfte aus Österreich verwendeten den gleichen Satz „Nur was man gerne tut, tut man auch gut!" 1 männlicher Geschäftsführer aus Österreich zitierte Henry Ford[218] mit dem Satz: "Love it, change it or leave it!". Er erläuterte, dass er das Zitat von einem Professor im Laufe seiner Studienzeit gehört hat. Er vertritt selber auch die Meinung, dass man nur mit Herz an einer Sache arbeiten soll, weil nur dann Erfolg erreicht werden kann. Wenn etwas nicht funktioniert, scheut er nicht davor zurück, Änderungen durchzuführen.

---

[218] Henry Ford (1863–1947): Gründer des Automobilherstellers Ford Motor Company.

3.3. Auswertung Einflussfaktoren auf die Karriere

Im weiteren Verlauf wurden die Führungskräfte nach den Einflussfaktoren befragt, die sie im Laufe ihrer Karriere als positiv oder als negativ empfunden haben. Demnach lautet der Wortlaut von Frage 3 folgendermaßen:

Welche Faktoren waren für Ihre Karriere besonders hilfreich oder hinderlich?

Insbesondere aus den Interviews in Bulgarien war es wichtig, in Erfahrung zu bringen, ob die Ergebnisse aus den Studien, die bereits in der Theorie geschildert wurden, bestätigt werden konnten. Dabei ging es gezielt auf die Erkennung der Korruption und die Familie als ein wesentlicher Einflussfaktor im Berufsleben.

Weiters war es in beiden Ländern interessant zu erfahren, ob die Probanden über einen Mentor berichten konnten, der ihre Karriere maßgeblich beeinflusst hat.

3.3.1. Ergebnisse aus der Auswertung Einflussfaktoren auf die Karriere in Bulgarien

Der wichtigste positive Einflussfaktor, der von 9 von insgesamt 10 Führungskräften genannt wurde, war die Familie. Diese schien eine der wichtigsten Voraussetzungen für die Führenden zu sein, um erfolgreich Karriere zu machen. Die Männer unter den Befragten teilten mit, dass sie nicht in der Lage wären, wichtige Entscheidungen zu treffen und sich auf die Arbeit zu konzentrieren, wenn sie sich nicht auf die Stütze ihrer Familie verlassen könnten. 2 weibliche Führungskräfte erzählten, dass ihr Lebenspartner seine eigene berufliche Entwicklung aufgegeben hat, um für die Familie da zu sein. Lediglich 1 weibliche Person teilte mit, dass die Familie keine Relevanz für ihre Karriere hatte und alles eine Frage der eigenen Organisation und Stärke ist. Weiters haben alle Probanden, die ihre Familie als Einflussfaktor erkannt haben, auch die Wichtigkeit ihrer Eltern betont. 1 weibliche Führungskraft meinte, dass sie das geworden ist, was ihre Eltern aus ihr „modelliert" haben. Sie sei das Ergebnis der Wünsche der Eltern. Da beide Eltern selber erfolgreiche Führungskräfte waren, haben sie das auch von den eigenen Kindern erwartet. In weiterer Folge hat sie auch einen erfolgreichen Manager geheiratet. und bewegt sich nun selber nur in den Kreisen von namhaften Leuten, die Erfolgsgeschichten von Unternehmen geschrieben haben.

Lediglich 2 weibliche Führungskräfte und 1 männliche konnten davon berichten, dass sie im Laufe ihrer Karriere einen Mentor hatten und sich ohne ihn die Karriere bestimmt nicht so entwickelt hätte. Diese erzählten mit Begeisterung, wie wichtig es für sie war, dass sie jemanden hatten, der ihre verborgene Talente aufgezeigt hat, sie ermutigt hat in eine bestimmte Richtung zu gehen und ihnen auch das Gefühl gegeben hat, sehr wertvolle Mitglieder der Organisation zu sein. In der Regel waren das die eigenen Vorgesetzten.

Unterrepräsentiert ist der Faktor Organisationskultur in einem Unternehmen. Lediglich 1 männliche Führungskraft erzählte über den negativen Einfluss der Organisationkultur auf ihre berufliche Entwicklung. Sie glaubt, dass sie wesentlich erfolgreicher gewesen wäre, wenn die Organisation ihre Entwicklung nicht gebremst hätte.

	männlich	weiblich
Familie	5	4
Mentor	1	2
Organisationskultur	1	0

Abbildung 18: Auswertung Einflussfaktoren auf die Karriere in Bulgarien

Um den Bezug zu der Literatur nicht zu verlieren, kann bei einem direkten Vergleich auf jeden Fall die Gewichtung der Familie bestätigt werden. Eine Führungskraft meinte, dass jeder Führer nach außen als ein starker und mächtiger Mann gesehen wird. Jedoch ist er zu Hause auch nur ein Wesen voller Emotionen, das es ohne Familie, die ihm den Rücken stärkt, nie geschafft hätte, die Karriereleiter aufzusteigen.

3.3.2. Ergebnisse aus der Auswertung Einflussfaktoren auf die Karriere in Österreich

Von allen männlichen Befragten haben 3 die Familie als Einflussfaktor auf ihre Karriere genannt. 2 davon erzählten, dass sie von den Eltern sehr stark gefordert wurden und auch heute ihre eigene Familie einen sehr positiven Einfluss auf ihr Berufsleben nimmt. Die dritte männliche Führungskraft meinte jedoch, dass die Familie hinderlich ist und sie nur deswegen kontinuierlich so erfolgreich sein konnte, weil sie ungebunden und dadurch auch risikobereiter sein konnte. Daher war es möglich, auch Jobangebote, die mit einem Standortwechsel verbunden waren leicht anzunehmen und so eine Entscheidung ausschließlich mit der Rücksicht auf das eigene Wohlbefinden zu treffen. Diese hat in der Vergangenheit bereits 16 Mal einen Umzug vorgenommen. Weitere 2 weibliche Führungskräfte vermerkten, dass die Familie Einfluss auf die Karriere genommen hat. 1 davon erzählte, dass sie dies als negativ empfunden hat, auch wenn sie gerne aus Liebe zu der Familie auf eine bessere Entwicklung im Berufsleben verzichtet hat.

Aus den 10 Probanden haben 3 männliche die Ausbildung als positiven Einflussfaktor genannt. Diese, meinten sie, sei der wichtigste Baustein für den Verlauf der Karriere.

3 männliche und 1 weibliche Top-Manager äußerten, dass der Vorgesetzte eine wichtige Rolle in ihrer Entwicklung gespielt hat. Im Vergleich zu der einen Führungskraft, die einen Mentor als

einflussreich gesehen hat, meinten diese, dass sie das Glück hatten, auf Vorgesetzte zu stoßen, die sie zwar nicht immer gefördert, aber auch nicht behindert haben. Daher verfügten sie über einen gewissen Spielraum, Dinge zu tun, die sich für richtig hielten. Wenn diese am Ende auch gut gelangen, wurde das von den Vorgesetzten belohnt.

1 männliche und 2 weibliche Probanden erzählten in den Interviews, dass sie Netzwerke als sehr wichtig und hilfreich erachten. Bei interner Besetzung von Positionen oder auch, wenn in anderen Organisationen eine neue Führungskraft gesucht wurde, war ein gutes Netzwerk meistens dafür verantwortlich, dass man sich an sie erinnert hat und bei Bedarf auf sie zukam. Eine dieser weiblichen Führungskräfte verbrachte ihr gesamtes Berufsleben in der gleichen Organisation und meinte, dass es hilfreich war, immer sehr gute Kontakte zu der Ebene über ihr zu pflegen.

3 männliche Befragte gaben eine große Gewichtung der Organisationskultur auf ihre berufliche Weiterentwicklung an. Diese haben erläutert, dass eine offene Kommunikation, internationale Entwicklungsmöglichkeiten und Transparenz der Arbeit, die sich aus der Unternehmenskultur ergeben, einen positiven Einfluss auf ihr Berufsleben genommen haben.

	männlich	weiblich
Familie	3	2
Vorgesetzte	3	1
Ausbildung	3	0
Netzwerk	1	2
Mentor	0	1
Organisationskultur	3	0

Abbildung 19: Auswertung Einflussfaktoren auf die Karriere in Österreich

Aus den Ergebnissen in Österreich lässt sich festhalten, dass die Vielfalt der Einflussfaktoren groß ist. Insgesamt wurden jene Faktoren genannt, die auch aus vorangegangenen Studien bekannt waren.

Entgegen den Erwartungen wurde jedoch der Gewichtung eines Mentors oder der Pflege eines Netzwerkes kein vorrangiger Einfluss eingeräumt.

3.3.3. Ergebnisse aus der Auswertung Einflussfaktoren auf die Karriere im direkten Vergleich der Länder

Insbesondere bei der Frage nach den Einflussfaktoren ergaben sich aus der Befragung in beiden Ländern sehr unterschiedliche Ergebnisse.

Sowohl in Bulgarien als auch in Österreich wurde der Familie ein hoher Stellenwert als Einflussfaktor eingeräumt. Während 9 von allen 10 Befragten in Bulgarien diese als sehr hilfreich genannt haben, konnte lediglich die Hälfte aller Befragten in Österreich die Familie als einflussnehmenden Faktor erkennen, wovon 2 diesen als negativ bezeichnet haben. Daraus kann abgeleitet werden, dass die Menschen in Bulgarien doch familiengebundener zu sein scheinen, während das in Österreich weniger der Fall ist. Insbesondere konnte eben diese Behauptung aus vorangegangenen Studien bestätig werden.

In beiden Ländern wurde auch der positive Einfluss eines Mentors auf den eigenen Erfolg der Führungskraft gesehen, wobei diesbezüglich die Untersuchung nur ein stark unterrepräsentatives Ergebnis lieferte.

Während 1 Top-Manager aus Bulgarien die Organisationskultur als stark hemmend für die berufliche Entwicklung aufzeigte, haben 3 der Befragten aus Österreich diese als äußerst positiv in Erinnerung.

Erstaunlich ist, dass keine Führungskraft in Bulgarien Faktoren wie Vorgesetzte, Ausbildung oder Netzwerk als einflussreich auf den eigenen Erfolg erkannt und genannt hat. Hingegen haben insgesamt 4 aller Befragten aus Österreich den Vorgesetzten als Faktor aufgezeigt. 3 von allen 10 legten eine hohe Gewichtung auf die Ausbildung. Insgesamt 3 konnten berichten, dass die Pflege eines Netzwerkes hilfreich ist. 1 männliche Person sagte im Vertrauen, dass sie unfähig sei ein Netzwerk zu pflegen und es auch nie gemacht hat. Trotzdem sitzt sie heute in der Geschäftsleitung der Organisation. Wie wichtig die Kontaktpflege ist, kann aber je nach Branche unterschiedlich sein, meinte diese Führungskraft.

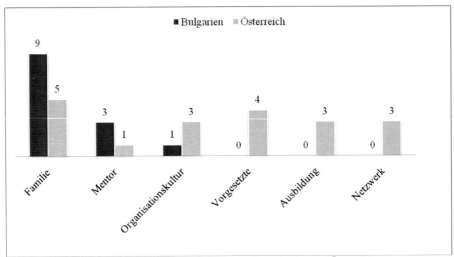

Abbildung 20: Vergleich Einflussfaktoren auf die Karriere in Bulgarien und Österreich

Die Erwartungen, die sich aus den Ergebnissen vorangegangener Studien in Bulgarien ergaben, konnten im Rahmen dieser Befragung nicht bestätigt werden, nämlich dass die politische Situation des Landes als Einflussfaktor gesehen wird. Sicherlich spielt diese eine wichtige Rolle und hat durchaus die in Kapitel 3.2.3 bereits beschriebe Gewichtung verdient. Jedoch scheint sie hier mehr Einfluss darauf zu nehmen, wie lange eine Betriebszugehörigkeit in demselben Unternehmen verzeichnet werden kann als über die Möglichkeit Karriere zu machen.

Verwunderlich ist die Unterrepräsentanz der Ausbildung als Einflussfaktor. Während diese in Bulgarien gar nicht als Antwort erschienen ist, liegt die Anzahl der Nennungen in Österreich auch deutlich unter den Erwartungen.

Da aus den vorangegangenen Studien ersichtlich wurde, dass Korruption in Bulgarien eine Rolle als Einflussfaktor spielt, wurde deswegen auch gezielt nachgefragt, ob die Probanden über Erfahrungen und Beobachtungen aus diesem Bereich berichten können. Insgesamt 4 männliche und 1 weibliche Führungskraft erzählten über die Gewichtung dieses Faktors und seine negativen Folgen. Jedoch meinten alle, dass diese in einer internationalen und privaten Organisation keinen Platz findet, da die Inhaber des Unternehmens Interesse an der positiven Entwicklung des Geschäftes haben und Korruption, wenn vorhanden, nur in den obersten Ebenen vorzufinden sei. Weiters meinten sie, das Wort Korruption sei meist anders im Berufsleben aufzufassen, als es die allgemeine Bedeutung in den Balkanländern vermuten lasse. In einer Organisation kommt es des Öfteren vor, dass man Bekannten, Freunden oder Verwandten eine Position im Unternehmen verschafft, auch wenn es interne Bewerber gibt, die lange auf den Posten warten. Selbstständlich wird dann die Dankbarkeit dafür mittels materieller Begünstigungen gezeigt. Selbst haben alle diese Führungskräfte solch ein Verhalten nie zugelassen, jedoch konnten sie über ihre Beobachtungen berichten. Somit wurden die Ergebnisse der bereits abgebildeten früheren Studien auch in der hier gegenständlichen Untersuchung bestätigt.

3.4. Auswertung Fähigkeiten und Eigenschaften

In der Literatur wird häufig darüber berichtet, welche Eigenschaften und Fähigkeiten eine Führungskraft mitbringen muss, um als solche erfolgreich zu sein. Auch in diesem Buch wurde ausführlich darüber geschrieben. Daher schien als wichtig, diesen Aspekt im Interview genauer zu hinterfragen. Demnach lautet die nächste Frage wie folgt:

Welche Fähigkeiten und Eigenschaften waren Ihrer Meinung nach hilfreich oder hinderlich für Ihre Karriere?

Da so eine Frage eine sehr breite Palette an Antwortmöglichkeiten zulässt, war es wichtig, sich einen groben Überblick zu verschaffen, um schlussendlich den Vergleich zwischen den Ländern zu ermöglichen.

3.4.1. Ergebnisse aus der Auswertung Fähigkeiten und Eigenschaften in Bulgarien

Befragt nach ihren Fähigkeiten, haben eindeutig alle Probanden die Eigenschaft „authentisch zu sein" als wichtig eingestuft, egal in welcher Position man ist und welche Bedingungen herrschen. Alle meinten, dass Mitarbeiter sofort spüren würden, wenn sich jemand verstelle. Wenn das der Fall ist, kann das Vertrauen der Belegschaft sehr schnell verloren gehen. In weiterer Folge wurde wieder von allen männlichen und weiblichen Probanden erwähnt, dass sie es ohne Lernfähigkeit nie so weit geschafft hätten und dies eine Voraussetzung für jede Führungskraft sei. Eine weibliche Person erzählte im Laufe des Gespräches, dass sie mit 55 gelernt hat zu schwimmen, weil das immer ein Wunsch von ihr war, den sie sich als Kind nicht erfüllen konnte. Für sie war das ein Beweis dafür, dass man in jedem Alter immer alles lernen kann. Eine männliche Führungskraft erzählte ein ähnliches Beispiel. Sie hat mit Mitte 40 gelernt, Motorrad zu fahren. Mehrmals wurde auch verdeutlicht, dass nur der, der zugibt, dass er etwas nicht kann, bereit ist zu lernen. Und nur wer lernt, entwickelt sich weiter. Dies gilt auch innerhalb eines Betriebes. Eine Führungskraft sei für ihre Mitarbeiter sympathischer, wenn sie zugibt, dass sie etwas nicht kann und von den anderen Teammitgliedern lernen möchte. Das sei auf jeden Fall besser als wenn die Mitarbeiter im Laufe der Arbeit merken, dass ihr Führer von etwas wenig Ahnung hat.

2 männliche und 1 weibliche Führungskraft erzählten, dass es sehr wichtig sei, zielstrebig die Ziele zu verfolgen.

Die Fähigkeit, breit zu kommunizieren, wurde von der Hälfte aller Probanden genannt. 1 männliche Führungskraft erzählte ausführlich darüber, dass es insbesondere in einem Produktionsunternehmen wichtig sei, die richtige Sprache zu allen Ebenen im Unternehmen zu finden. Dies sei im Vergleich zu einer Bank viel komplexer. Wenn Mitarbeiter verschiedene Bildungsniveaus nachweisen und aus unterschiedlichen Schichten kommen, können im Laufe der Zusammenarbeit Kommunikationsprobleme auftreten, die nicht nur die gemeinsame Vision gefährden, sondern auch extrem belastend für alle Beteiligten sein können. Daher gilt es für den Führer, sowohl mit einem Bauarbeiter als auch mit seinem Kollegen in der Geschäftsleitung den richtigen Umgangston zu pflegen.

Insgesamt 4 Probanden, wobei nur 1 davon eine weibliche ist, halten es für wichtige Voraussetzung, ergebnisorientiert arbeiten zu können. Diese meinen, dass es egal sei, wie gut man für die Mitarbeiter einstehen mag. Am Ende des Tages zählen nur die Zahlen, und ohne die Erfüllung dieser wäre alles andere sinnlos.

Die Fähigkeit, durchsetzungsstark zu agieren, wurde lediglich von 1 männlichen und 2 weiblichen Befragten als bedeutend angesehen.

Deutlich unterrepräsentiert mit je 1 männlichen und 1 weiblichen Führungskraft wurde das Durchhaltevermögen als etwas erwähnt, was sich in ihrer Karriere als unabdingbar erwiesen hat. Diese erzählten, dass sie oft an sich und an dem Erfolg gezweifelt haben und in solchen Momente, egal wie schwer es gewesen war, mussten sie ihr Durchhaltevermögen unter Beweis stellen.

Ein sehr interessantes Ergebnis ist, dass Eigenschaften und Fähigkeiten wie Geduld (n=3), Offenheit und Flexibilität (n=3) sowie Kompromissbereitschaft (n=2) nur von den weiblichen Führungskräften als wichtig für ihre Karriere eingestuft wurden. Insbesondere erzählten diese, dass sie Geduld im Laufe ihrer Karriere erst erlernen mussten. Da ihr Geschäftsleben ein ständig änderndes Umfeld ist, sei es unabdingbar, dass man immer offen für Neues ist und Flexibilität mitbringt, damit man sich an die Situationen rasch anpassen kann. Ebenso hat ihnen die Kompromissbereitschaft im Laufe des beruflichen Aufstieges geholfen, da man oft nicht allein führt, sondern in einem Team. Sie mussten lernen, andere Meinungen zuzulassen und diese zu akzeptieren.

	männlich	weiblich
Authentizität	5	5
Lernfähigkeit	5	5
Kommunikationsfähigkeit	4	1
Zielstrebigkeit	2	1
Ergebnisorientiert agieren	3	1
Durchsetzungsstärke	1	2
Durchhaltevermögen	1	1
Geduld	0	3
Offenheit und Flexibilität	0	3
Kompromissbereitschaft	0	2

Abbildung 21: Auswertung Fähigkeiten und Eigenschaften in Bulgarien

Die Fähigkeiten der befragten Führungskräfte decken sich mit den Anforderungen, die bereits in der Literatur beschrieben werden. Dabei soll beachtet werden, dass manche Eigenschaften und Fähigkeiten hilfreich sind, wenn man über diese verfügt. Wiederrum kann es hinderlich sein, wenn man diese als Top-Manager nicht mitbringt.

Erstaulich ist die Tatsache, dass alle Befragten ein authentisches Auftreten als die größte Voraussetzung darstellen. Herauszufinden, ob das Wort Authentizität in einem Land wie Bulgarien, wo schwere politische Einflüsse die Entwicklung des Landes beeinflusst haben und dadurch ein Misstrauen des Volkes hervorgerufen wurde, stärker an Gewichtung gewonnen hat, war nicht Gegenstand dieser Studie und bleibt daher offen.

3.4.2. Ergebnisse aus der Auswertung Fähigkeiten und Eigenschaften in Österreich

5 von 7 männlichen Personen nannten das Wort Authentizität. Diese Eigenschaft sei auch ganz vorne als Voraussetzung einzustufen. 2 von 3 weiblichen Befragten teilten diese Meinung.

Lediglich 2 männliche Top-Manager erwähnten, dass es hilfreich ist, wenn Dinge immer proaktiv vorantreiben werden. Die Führungskraft soll den Motor einer Organisation darstellen und daher nie aufhören zu agieren. Die erste Führungskraft meinte, dass Stillstand ein Rückschritt ist, und man soll eben nach vorne streben und nicht nach hinten. Der zweite Proband erzählte von seiner Erfahrung als Kind, als er bei seinem Vater in den Ferien gearbeitet hat. Damals hat er eine Aufgabe erteilt bekommen und wurde aufgefordert, sich zu melden, sobald er die Aufgabe erledigt hat, um eine neue zu übernehmen. Zu diesem Zeitpunkt konnte der Proband nicht verstehen, warum man sich als Ferialpraktikant melden sollte, um noch mehr Arbeit zu bekommen, wenn es doch viel schöner ist, stattdessen früher nach Hause zu gehen. Heute ist diese Führungskraft der Meinung, dass diese Erfahrung eine wichtige Lehre für sein Leben war. Wenn man proaktiv agiert, wird man gesehen, man wird mehr geschätzt, und das kann sich sehr positiv auf die Karriere auswirken. In den Unternehmen, in denen er in weiterer Folge gearbeitet hat, setzte er diese proaktive Haltung um und war erstaunt, wie schnell die Führungsebene auf ihn aufmerksam wurde.

Von allen Befragten teilten 2 männliche mit, dass sie die Fähigkeit, Visionen zu vermitteln, als Erfolgsrezept in ihrer Karriere gesehen haben. Führen bedeutet für diese, alle anderen ins Boot zu holen, was wiederum nur durch die Vermittlung einer klaren Vision durchführbar sei.

2 weibliche Probanden erzählten im Interview, dass ihre Kommunikationsstärke sehr hilfreich für ihre Karriere war. Dabei gilt, dass man in alle Richtungen kommunizieren können muss und auch nonverbale Kommunikation beachtet werden soll.

Je 1 männliche und 1 weibliche Führungskraft waren der Meinung, dass Zielstrebigkeit und Ehrgeiz vorantreiben und daher vorhanden sein müssen. Nur wer ein Ziel vor Augen hat und dieses konsequent verfolgt, kann am Ende des Tages erfolgreich sein.

Deutlich unterrepräsentiert mit je 1 Erwähnung sind Eigenschaften und Fähigkeiten wie Glaubwürdigkeit zu erzeugen, durchsetzungsstark zu agieren, Durchhaltevermögen sowie Offenheit und Flexibilität zu zeigen.

	männlich	weiblich
Authentizität	5	2
Dinge vorantreiben	2	0
Visionen vermitteln	2	0
Kommunikationsfähigkeit	0	2
Zielstrebigkeit	1	1
Glaubwürdigkeit	1	0
Durchsetzungsstärke	1	0
Durchhaltevermögen	0	1
Offenheit und Flexibilität	1	0

Abbildung 22: Auswertung Fähigkeiten und Eigenschaften in Österreich

Die Antworten der Führungskräfte bilden in Bezug auf die Frage nach ihren Eigenschaften und Fähigkeiten eine sehr breite Palette ab. Zusammenfassend lässt sich aber mit einer Überrepräsentanz herausfiltern, dass „authentisch sein" als jene Eigenschaft einzustufen ist, die am meisten Gewichtung für den Erfolg der befragten Führungskräfte hat.

Entgegen den Erwartungen, die sich aus den geschilderten Eigenschaften und Fähigkeiten in der Literatur ergeben, konnten die Vermittlung einer Vision, Dinge vorantreiben und die Kommunikationsfähigkeit mit Unterrepräsentanz nicht überzeugen.

3.4.3. Ergebnisse aus der Auswertung Fähigkeiten und Eigenschaften im direkten Vergleich der Länder

Die Auswertungen und der direkte Vergleich der Länder lieferten auch bei dieser Frage teilweise sehr unterschiedliche Aussagen. Dies darf jedoch nicht überbewertet werden, da die Eigenschaften und Fähigkeiten sehr zahlreich sein können und meistens ein Bündel davon erforderlich ist.

Es kann eindeutig gesagt werden, dass die Führungskräfte sowohl in Bulgarien als auch in Österreich die Authentizität ganz vorne als hilfreiche Eigenschaft einstufen.

Während alle 10 Befragten aus Bulgarien in den Interviews erzählten, dass die Lernfähigkeit eine wichtige Rolle für das Vorankommen gespielt hat, hat keine einzige Führungskraft aus Österreich dies in Erwähnung gezogen.

Die Hälfte aller bulgarischen Befragten stuft die Kommunikationsstärke als wichtig für den beruflichen Erfolg ein. Hingegen kam diese Antwort lediglich von 2 der Probanden aus Österreich.

Ergebnisorientiert zu agieren wurde 4 Mal in Bulgarien als Fähigkeit genannt, während dies in Österreich keinerlei Relevanz unter den Antworten der Befragten hatte.

Mit einer deutlichen Unterrepräsentanz in beiden Ländern zeigen sich Zielstrebigkeit, Durchsetzungsstärke, Offenheit und Flexibilität sowie Durchhaltevermögen.

Während Geduld im Berufsleben (n=3) und Kompromissbereitschaft (n=2) für die Bulgaren eine Wichtigkeit hatte, wurden diese von keinem der Österreicher als Fähigkeit genannt. Umgekehrt wurden Schlagworte wie Dinge vorantreiben (n=2), Visionen vermitteln (n=2) und Glaubwürdigkeit (n=1) nur in Österreich in Betracht gezogen.

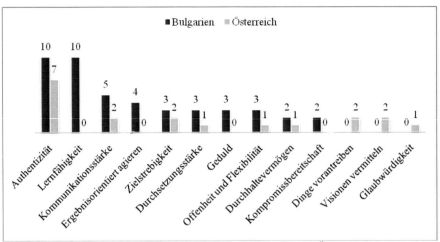

Abbildung 23: Vergleich Fähigkeiten und Eigenschaften in Bulgarien und Österreich

Enttäuschend ist vor allem, dass die Kommunikationsfähigkeit, darunter auch die nonverbale Kommunikation, nur von wenigen Führungskräften genannt wurde. Ebenso wurde die Vermittlung einer Vision und das Vorantreiben von Zielen für die Führungskräfte als wenig wichtig in Erwägung gezogen.

Wie aber bereits angesprochen, wäre es im Rahmen der Interviews auch kaum möglich gewesen, die gesamte Palette an Eigenschaften und Fähigkeiten zusammenzufassen, deshalb darf auch nicht überbewertet werden, dass die Ergebnisse so unterschiedlich ausgefallen sind.

3.5. Auswertung Rahmenbedingungen in einem Unternehmen

Um herauszufinden, was Mitarbeiter und Führungskräfte an ein Unternehmen bindet und warum oft auch die Karriere innerhalb einer bestimmten Organisation bevorzugt wird, wurden die Probanden eingeladen zu erzählen, was die Rahmenbedingungen waren, die sie im Laufe ihrer Karriere vorgefunden haben und welche davon hilfreich für ihren Erfolg gewesen sind. Demnach lautet die Frage dazu wie folgt:

Welche Rahmenbedingungen innerhalb eines Unternehmens waren für Sie wichtig, um Karriere machen zu können?

Hier erschien es als interessant zu erfahren, wie es möglich ist, die gesamte berufliche Entwicklung in dem gleichen Unternehmen zu verbringen und wie die Führungskräfte die eigenen Erfahrungen nutzen, um in der Organisation die Mitarbeiter langfristig zu binden.

3.5.1. Ergebnisse aus der Auswertung Rahmenbedingungen in einem Unternehmen in Bulgarien

Für alle Führungskräfte war es eindeutig, dass ohne eine gute Atmosphäre innerhalb des Unternehmens niemand langfristig dort arbeiten möchte. Auch wenn die Aufgaben reizvoll und spannend wären, würde man einen Wechsel anstreben.

Als eine weitere wichtige Rahmenbedingung wurde die Entwicklungsmöglichkeit von insgesamt 2 männlichen und gleichzeitig von allen 5 weiblichen Befragten genannt. Darunter kann nicht nur die Entwicklung innerhalb des eigenen Bereichs verstanden werden, sondern auch das Wachstum der Persönlichkeit, das mittels verschiedener Personalentwicklungsmaßnahmen unterstützt werden kann.

Äußerst unerwartet ist die Überrepräsentanz bei den weiblichen Probanden, die es im Laufe ihrer Karriere für wichtig hielten, eine gute Beziehung zu den Vorgesetzten zu pflegen. Lediglich 1 männliche Führungskraft erwähnte dies als eine wichtige Rahmenbedingung für das Wohlbefinden innerhalb des Unternehmens und für das Vorwärtskommen.

Nur 2 Probanden brachten die dynamische Entwicklung des Unternehmens mit dem eigenen Aufstieg innerhalb der Organisation in Verbindung. Diese haben erwähnt, dass es für sie enorm wichtig war, in einem Unternehmen zu arbeiten, das auch am Markt eine Reputation hat, die als dynamisch einzustufen ist. Daher versuchen sie auch ihren Mitarbeitern immer das Gefühl zu geben, dass sich ständig alles verändert und dass dies als positiv anzusehen ist. Wichtig wäre vielleicht zu vermerken, dass diese 2 Führungskräfte im Vergleich zu den anderen befragten des Öfteren einen Wechsel angestrebt haben.

	männlich	weiblich
gute Arbeitsatmosphäre	5	5
Entwicklungsmöglichkeiten	2	5
Vorgesetzte	1	4
dynamische Unternehmensentwicklung	1	1

Abbildung 24: Auswertung Rahmenbedingungen in einem Unternehmen in Bulgarien

Dass eine positive Arbeitsumgebung als die wichtigste Rahmenbedingung genannt wurde, brachte keine Überraschung mit sich. Auch andere Studien konnten dies bereits in der Vergangenheit bestätigen. Jedoch ist hier interessant zu erfahren, dass die zwischenmenschlichen Beziehungen über dem Drang, Karriere zu machen, stehen. 1 männliche Führungskraft meinte, dass niemand freiwillig in einer Umgebung arbeiten möchte, die als „Bienenstock" bezeichnet werden kann.

Insbesondere bei Führungskräften, die ihren gesamten Karriereweg in der gleichen Organisation erlebt haben, wurde die Entwicklungsmöglichkeit als die allerwichtigste Voraussetzung gesehen. Diese erzählten, dass ihnen intern so viel Abwechslung, Aufstieg, spannende Aufgaben und Förderungsprogramme angeboten worden waren, dass sie immer etwas Neues erleben konnten. Jeder Tag war eine neue Herausforderung, und sie konnten im Laufe ihrer beruflichen Entwicklung in allen Bereichen des Unternehmens Erfahrung sammeln und sich so stark zu Generalisten entwickeln.

3.5.2. Ergebnisse aus der Auswertung Rahmenbedingungen in einem Unternehmen in Österreich

Insgesamt die Hälfte aller Befragten aus Österreich schätzt die Aufbauarbeit innerhalb des Unternehmens und erwähnt, dass sie diese als große Herausforderung empfunden haben. Lediglich 1 von diesen Probanden war eine Frau. Auch hier ist es interessant zu sehen, dass von den 5 Probanden, die diese Antwort gegeben haben, 4 ihre Karriereentwicklung in dem gleichen Unternehmen erlebt haben. Daraus kann abgeleitet werden, dass sie ohne die Möglichkeit, immer wieder etwas neu zu schaffen, womöglich im Laufe der Jahre das Unternehmen gewechselt hätten.

Für 2 männliche und 2 weibliche Befragte waren die internen Entwicklungsmöglichkeiten eine der Rahmenbedingungen, um in der Firma zu bleiben. Darunter können sämtliche Personalentwicklungsmaßnahmen verstanden werden, wie beispielsweise Planung von Karrierewegen, die den internen Aufstieg ermöglichen. Das wirkt sich sehr positiv auf die Motivation aus, auch wenn die Probanden bereits im Gespräch erwähnt haben, dass es nicht ihr Ziel gewesen war, eine Karriere zu machen.

Von allen 7 männlichen Probanden waren 3 der Meinung, dass die dynamische Entwicklung des Unternehmens spannend für sie sei und sie das auch an das Unternehmen binden kann. 1 weibliche Person erwähnte diese Rahmenbedingung auch als positiv für ihre Karriere.

Wie aus Kapitel 3.3.3 ersichtlich ist, gestehen insgesamt 4 Personen aus Österreich der guten Beziehung zu den Vorgesetzten einen Einfluss zu. Eine dieser Personen gibt das als eine der Rahmenbedingungen an, von der sie den Karriereverlauf abhängig macht.

	männlich	weiblich
Aufbauarbeit	4	1
Entwicklungsmöglichkeiten	2	2
dynamische Unternehmensentwicklung	3	1
Vorgesetzte	1	0

Abbildung 25: Auswertung Rahmenbedingungen in einem Unternehmen in Österreich

Wenn man sich alle Antworten der Befragten aus Österreich näher anschaut, kann man feststellen, dass Veränderungen, die mit Dynamik und Erneuerungen verbunden sind, bei Führungskräften als etwas Willkommenes angesehen werden. Daher ist es auch nicht überraschend, dass die Hälfte aller Probanden gezielt Aufbauarbeiten in Betracht gezogen haben. 1 männliche Führungskraft erwähnte, dass nur dort, wo etwas geschaffen wurde, es gelingen kann Emotionen einzubringen. Wenn Emotionen im Spiel sind, betrachtet der Top-Manager die Schöpfung als sein eigenes Kind, und Kinder binden.

3.5.3. Ergebnisse aus der Auswertung Rahmenbedingungen in einem Unternehmen im direkten Vergleich der Länder

Aus der unten stehenden Abbildung wird deutlich, dass ausnahmslos alle Führungskräfte aus Bulgaren die gute Atmosphäre in einem Unternehmen als wichtige Rahmenbedingung genannt haben, hingegen kein einziger Proband aus Österreich. Wie bereits in diesem Buch beleuchtet wurde, sind die Personalangelegenheiten in einem Land wie Bulgarien bei Weitem nicht so entwickelt wie in den westeuropäischen Ländern, darunter auch Österreich. Dass die bulgarischen Führungskräfte daher dem Arbeitsklima einen so hohen Wert beimessen, ist kein Wunder. Dieses Ergebnis ist auch aus dem Grund keine Überraschung, da bereits festgestellt wurde, dass sich die bulgarischen Probanden als sehr familienorientiert präsentieren und demzufolge von früh an gelernt haben, den zwischenmenschlichen Beziehungen einen großen Einfluss in ihrem Leben einzuräumen. Hier soll nicht der Eindruck entstehen, dass die Führungskräfte aus Österreich keinen Bezug zur Familie haben und sie dem Arbeitsklima keine Bedeutung einräumen, sondern lediglich, dass sich diese im Vergleich zu den bulgarischen Kollegen von den zwischenmenschlichen Beziehungen nicht so stark beeinflussen lassen.

Ein weiterer wichtiger Unterschied liegt darin, dass die Hälfte aller Befragten in Österreich die Aufbauarbeiten als eine der Rahmenbedingungen sehen, die in jedem Unternehmen angeboten werden müssen, um die Herausforderung für das Top-Management aufrechtzuerhalten. Solch eine Antwort wurde von keinen der Probanden aus Bulgarien gegeben. Möglicherweise liegt der Grund darin, dass, wie bereits geschildert, die Geschäftsentwicklung in Bulgarien in den letzten Jahren sehr dynamisch war und das ständige Wachstum, das im Alltag zu erleben war, an sich schon herausfordernd ist. Dies wiederum kann auch aus den Antworten über die dynamische Unternehmensentwicklung abgelesen werden. Während nur 2 von allen 10 Probanden in Bulgarien diese Rahmenbedingung als eine an das Unternehmen bindende einstuft haben, meinten 4 Führungskräfte aus Österreich, dass sie proaktiv zu der Dynamik im Unternehmen beitragen, und dies sei für sie sehr wichtig.

Während in Österreich 4 der Befragten die interne Entwicklungsmöglichkeit als wichtige Rahmenbedingung sahen, wurde diese 7 Mal in den Interviews in Bulgarien angegeben. Daraus kann aber kein eindeutiger Unterschied im Vergleich der Länder abgeleitet werden.

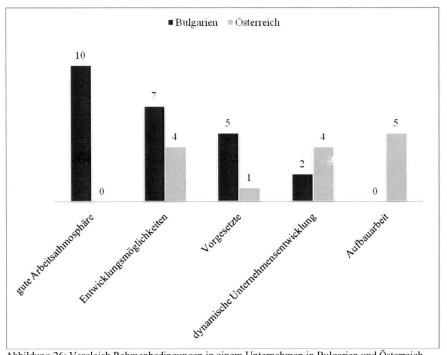

Abbildung 26: Vergleich Rahmenbedingungen in einem Unternehmen in Bulgarien und Österreich

Die Ergebnisse dieser Frage entsprachen den Erwartungen, die schon in der Literatur beschrieben wurden. Dass es unterschiedliche Gewichtungen bei den Antworten in den Ländern gegeben hat, stellt auch keine große Überraschung dar, da bereits in vorangegangenen Studien ähnliche Ergebnisse geliefert worden waren.

3.6. Auswertung Themen außerhalb des Geschäftslebens

Um zu erfahren, wie Führungskräfte, die sich an der Spitze eines Unternehmens befinden, es schaffen, einen Ausgleich zum stressigen Alltag zu finden, wurden die Befragten aufgefordert zu erzählen, was für sie außerhalb des Berufslebens als wichtig einzustufen ist und ihnen möglicherweise auch Kraft spendet, um im Berufsleben erfolgreich zu sein. Demnach lautet der Wortlaut von Frage 6 wie folgt:

Welche Themen außerhalb des Geschäftslebens erachten Sie ebenfalls als wichtig für ihre Karriere?

Ziel war es zu erfahren, ob es möglicherweise ein bestimmtes Muster gibt, wie sich die Top-Manager in ihrer Freizeit verhalten, und ob sich diese diesbezüglich in beiden Ländern gleichen.

3.6.1. Ergebnisse aus der Auswertung Themen außerhalb des Geschäftslebens in Bulgarien

Die Antworten waren sehr überschaubar und eindeutig. Für alle Führungskräfte stellt die Familie und die Zeit mit ihren Kindern die wichtigste Quelle für Energie dar. Ebenso sehen sie auch die Kontakte zu einem bestimmten Freundeskreis als kraftspendend, und es hilft ihnen außerhalb ihrer Organisation, Neuigkeiten zu erfahren, andere Sichtweisen wahrzunehmen und Ratschläge für wichtige Entscheidungen im Beruf einzuholen. Insgesamt 2 Befragte erwähnten, dass jemand, der ein Unternehmen erfolgreich führt und es von ganz unten bis nach ganz oben aus eigener Kraft und Initiative geschafft hat, über keine Freizeit verfügt, um sich für anderes zu interessieren. Andere teilten diese Meinung jedoch gar nicht und meinten, dass jemand nur dann erfolgreich sein kann, wenn er auch außerhalb des Berufslebens sehr viel unternimmt und verschiedene Interessen entwickelt. Diese propagierten, dass sie nicht glauben, dass es sonst möglich sei, erfolgreich im Beruf zu sein.

Insgesamt 2 männliche und 3 weibliche Befragte erzählten, dass sie es ohne Sport nicht schaffen würden, fit für den Beruf zu bleiben. 1 Person teilte mit, dass es für sie schwierig sei, nach Hause zur Familie zu kommen, ohne davor den Stress in einem Fitnessstudio abzubauen. Interessant war zu hören, dass alle bis auf 1 Führungskraft erst dann mit Sport angefangen hatten, als sie schon an der Spitze ihrer Karriere waren.

Neue Orte zu entdecken, wurde lediglich von 4 Probanden als wichtige Energiequelle eingestuft. Die restlichen Probanden offenbarten, dass sie aufgrund ihrer Geschäftstätigkeit sehr viel unterwegs sind und sie es daher als energiespendender empfinden, wenn sie nach Hause kommen.

Nur 1 weibliche Führungskraft teilte mit, dass neben der Familie für sie die Kunst von Interesse ist und dass sie bereits von den Eltern ins Theater und zur Oper mitgenommen wurde. Deshalb möchte sie auch gerne dieses Interesse mit ihren Kindern teilen.

	männlich	weiblich
Familie und Freunde	5	5
Sport	2	3
Reisen	2	2
Kunst	0	1

Abbildung 27: Auswertung Themen außerhalb des Geschäftslebens in Bulgarien

Wie bereits in diesem Buch mehrmals betont, spielt die Familie eine große Rolle für die Führungskräfte. Dies wurde auch im Rahmen der Interviews bestätigt.

Auffallend bleibt aber das Ergebnis, dass teilweise sehr konträre Meinungen dazu geäußert wurden, inwieweit Führungskräfte überhaupt über Freizeit verfügen.

3.6.2. Ergebnisse aus der Auswertung Themen außerhalb des Geschäftslebens in Österreich

Insgesamt 8 Probanden, wobei 5 davon männlich und 3 weiblich waren, nannten ihr Heim mit Familie und Freunde als ihre „Tankstelle" in der Freizeit. Erwähnt wurde, dass aber die Zeit mit der Familie manchmal als Luxus einzustufen ist. Dies wurde insbesondere von Führungskräften erwähnt, die für mehrere Länder verantwortlich sind. Andere, die in der Vergangenheit auch das Auslandsgeschäft betreuten und jetzt ausschließlich in Österreich tätig sind, meinten, dass sie zu den Zeiten mit Auslandsverantwortung über weniger Zeit für die Familie verfügten. Alle aus dieser Gruppe teilten mit, dass sie versuchen, mindestens einen Tag in der Woche frei für die Familie und die Kinder zu halten. 1 männlicher Proband erwähnte, dass er Zeit sparen möchte und deswegen über einen eigenen Fahrer verfügt. Seitdem gelingt es ihm viel besser, mehr Zeit auch für die Familie zu finden. So sei es ihm möglich, seine beruflichen Aktivitäten zu starten, sobald er ins Auto eingestiegen ist.

2 männliche und 2 weibliche Führer äußerten außerdem, dass sie Zeit für Sport finden und diesen auch gerne betreiben. 1 weitere weibliche Führungskraft meinte aber, dass sie es für Unsinn hält, dass man als Top-Manager auch noch Sport betreiben kann. Sie erzählte, dass sie in der Vergangenheit, bevor sie an die Spitze ihrer Karriere kam, sehr gerne Sport betrieben hat und sogar Marathon gelaufen ist. In den letzten Jahren blieb jedoch keine Zeit dafür.

2 männliche Probanden widmen Teile ihrer Freizeit der Weiterbildung, wobei es hier wichtig zu erwähnen wäre, dass eine davon keine universitäre Ausbildung nachweist und mittels Zusatzkurse in ihrer Freizeit die fehlenden Kenntnisse erwirbt.

Die Kraft der Natur und die Entdeckung neuer Kulturen haben 2 männliche Top-Manager als ihre Energiequelle entdeckt. Sie nutzen diese Zeit meistens, um allein zu sein und ihre Gedanken zu sammeln.

	männlich	weiblich
Familie und Freunde	5	3
Sport	2	2
Weiterbildung	2	0
Reisen	2	0

Abbildung 28: Auswertung Themen außerhalb des Geschäftslebens in Österreich

Wenn es sich um die Arbeit von Top-Managern handelt, lässt sich aus den geführten Interviews in Österreich festhalten, dass diese allgemein nicht über viel Freizeit verfügen. Wenn sie aber frei haben, dann verbringen sie die Zeit meistens im Kreise der Familie und bei Freunden. Dieses Resultat kam jedoch nicht unerwartet. Nach Aussagen der Führungskräfte werden im Durchschnitt 75 Stunden in der Woche für den Beruf aufgewendet. Für alle, die Kinder haben, ist die restliche Zeit für diese reserviert.

3.6.3. Ergebnisse aus der Auswertung Themen außerhalb des Geschäftslebens im direkten Vergleich der Länder

Aus dem Vergleich Bulgarien und Österreich konnten keine eindeutigen Unterschiede in den Aussagen der Führungskräfte herausgelesen werden. In beiden Ländern ist die Freizeit meistens für die Familie reserviert und wird in die Zusatzaktivitäten eingebunden.

Ungefähr die Hälfte der Probanden in beiden Ländern verfügt zusätzlich über Zeit, um Sport zu betreiben. In der Regel handelt es sich dabei um Jogging.

Während insgesamt 4 bulgarische Top-Manager die Erholung in der Natur, beim Reisen und beim Kennenlernen von neuen Kulturen finden, konnten nur 2 in Österreich davon berichten.

Von allen Befragten in beiden Ländern berichteten lediglich 2 österreichische Führungskräfte, dass sie einen Teil ihrer Freizeit für ihre Weiterbildung verwenden.

Lediglich 1 Person aus Bulgarien erzählte, dass sie die Kunst als Kraftquelle entdeckt habe, wobei diese Vorliebe meistens auch im Kreise der Familie gelebt wird. Nur dadurch sei es auch möglich, Theater- und Musikaufführungen zu besuchen.

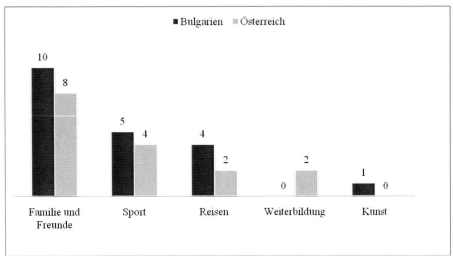

Abbildung 29: Vergleich Themen außerhalb des Geschäftslebens in Bulgarien und Österreich

Die Auswertung der oben gestellten Frage lässt darauf schließen, dass Führungskräfte eine enorme Zeit für den Beruf opfern und sich das in zeitlich knappen Aktivitäten außerhalb des Geschäftslebens bemerkbar macht. Es wurde aber bestätigt, dass auch Menschen, die ganze Betriebe führen und im Büro öfters als sehr hartnäckig, durchsetzungsstark und manchmal sogar kalt erlebt werden, ihre Kraft aus dem Zusammensein mit anderen schöpfen und sie auch das Familienleben nicht vernachlässigen möchten.

3.7. Auswertung erfolgreiche Führungskraft

Was in den Augen einer Führungskraft, einen erfolgreichen Manager ausmacht, wurde versucht mit der nachfolgenden Frage herauszufinden. Demnach lautet diese wie folgt:

Was macht Ihrer Meinung nach eine erfolgreiche Führungskraft aus?

Interessant erschien es dabei zu erfahren, welche Anforderungen als wichtig genannt werden, insbesondere aus Sicht der Führungskräfte, die bereits einen erfolgreichen Karriereweg durchlaufen konnten. Diese wurden eingeladen zu erzählen, was eine Führungskraft mitbringen muss, um den Job an der Spitze eines Unternehmens zu meistern.

3.7.1. Ergebnisse aus der Auswertung erfolgreiche Führungskraft in Bulgarien

Auf diese Frage folgte eine Vielfalt an Antworten. Alle 10 Befragten meinten, dass es ein absolutes Muss sei, ein Teamplayer sein. Diese erläuterten, dass ein Führer sogar überhaupt nur als Teamplayer erfolgreich sein kann. In den Interviews wurde mehrmals gesagt, dass eine Person nichts allein schaffen kann und hinter jeder erfolgreichen Führungskraft ein gutes Team steht.

Alle Ergebnisse, die am Ende des Tages geliefert werden, sind die, die das Team geliefert hat. 1 männliche Führungskraft erwähnte überdies, dass es die Hauptaufgabe eines Führers sei, das Team zusammenzuhalten, was nur dann möglich ist, wenn alle Beteiligten den Manager als einen von ihnen sehen.

Mitarbeiter motivieren zu können, wurde hingegen von nur 3 Probanden als wichtige Anforderung an einen Führer genannt. Diese erzählten, dass es auch wichtig sei, dass Fehler auf der Stelle aufgezeigt werden, aber ebenso, jemanden gleich zu loben, wenn er es verdient hat. Dies wirkt sich aus Sicht der Führungskräfte sehr stark auf die Motivation der Mitarbeiter aus und ist wirkungsvoller als jede Geldprämie.

Entgegen allen Erwartungen haben lediglich nur 3 Probanden erwähnt, dass ein erfolgreicher Führer ein Vorreiter sein muss. Er muss die Wege vorzeigen, und wenn er selbst etwas vormacht, schafft er es schneller, das Vertrauen der restlichen Mitarbeiter zu gewinnen. Diese sind dann bereit, ihm zu folgen.

Ebenso muss ein guter Führer ein Gespür haben, was gut und was schlecht ist, meinen insgesamt 2 weibliche Manager und 1 männliche Führungskraft. Diese erläuterten, dass Fachkenntnisse nicht ausreichend sind, um immer die richtige Entscheidung zu treffen, sondern man muss auch fühlen und intuitiv entscheiden können. Manchmal kann es für die restlichen Mitarbeiter schwer sein, nachzuvollziehen, warum eine Führungskraft so und nicht anders handelt. Trotzdem sollte ein Top-Manager in der Lage sein, auf sein Bauchgefühl zu hören und die Mitarbeiter dazu zu bringen, ihm zu vertrauen. Außerdem wurde erzählt, dass es Zeit braucht, das Vertrauen der Belegschaft zu gewinnen, und wenn das dann der Fall ist, sind Entscheidungen aus dem Bauch heraus leichter zu treffen. Die Mitarbeiter werden aus Erfahrung wissen, dass sie sich auf ihren Führer verlassen können.

Delegieren können (n=2) und Potenziale erkennen (n=3) wurden als Anforderungen nur von den weiblichen Befragten genannt, wobei erklärt wurde, dass es viel leichter sei, Potenziale zu erkennen, als diese dann auch tatsächlich nutzen zu können. Diese Probanden meinten auch, dass eine Frau viel besser hinter die Fassade schauen und etwas erkennen kann. Ob es daran liegt, dass Frauen meistens als Mütter gelernt haben, ihre Instinkte auch auf die nonverbale Kommunikation zu erstrecken, konnte lediglich nur als Behauptung der Befragten erfasst werden.

Deutlich unterrepräsentiert wurden Anforderungen wie komplexe Probleme lösen (n=2), logisches Denken (n=1) und diplomatisches Geschick (n=1) genannt.

	männlich	weiblich
Teamplayer	5	5
Motivator	1	2
Vorreiter	1	2
Gespür für das Gute und Schlechte	1	2
delegieren können	0	2
Potenziale erkennen	0	3
komplexe Probleme lösen	1	1
logisches Denken	1	0
diplomatisches Geschick	0	1

Abbildung 30: Auswertung erfolgreiche Führungskraft in Bulgarien

Zusammenfasssend lässt sich festhalten, dass erstaunlicherweise keine Führungskraft Fachkenntnisse und Ausbildung als etwas Wichtiges genannt hat. Ob das daran liegt, dass diese meist als grundlegende Voraussetzungen eingestuft werden, um überhaupt als Führungskraft agieren zu können, lässt hier Spielraum zum Nachdenken.

3.7.2. Ergebnisse aus der Auswertung erfolgreiche Führungskraft in Österreich

Die am öftesten genannte Antwort auf die Frage, was eine erfolgreiche Führungskraft ausmacht und was diese mitbringen muss, um Erfolg zu haben, haben 6 männliche Probanden erwähnt, nämlich dass dieser ein Stratege und Visionär sein muss. Nur wer der Organisation einen klaren Weg aufzeigt und auch die anderen davon begeistern kann, diesen mitzugehen, kann die Unternehmensziele so umsetzen, dass das Ergebnis für alle Beteiligte ein positives ist.

3 männliche und 2 weibliche Top-Manager äußerten die Notwendigkeit der Motivierungsfähigkeit eines Führers. Einer davon meinte, dass nur motivierte Mitarbeiter gute Mitarbeiter sind.

4 männliche Probanden und hingegen nur 1 einzige Frau erwähnten, dass der Führer ein Teamplayer sein muss. Ein Proband erzählte aus seinen Erfahrungen, die er bei seiner Arbeit in den baltischen Ländern sammeln konnte. Dort, meint er, ist die Beziehung zwischen den Mitarbeitern und den Führungskräften wesentlich anders als in Österreich. Wenn in einem dieser Länder etwas nicht erwartungsgemäß verlaufen ist, sind alle Mitarbeiter der Meinung, dass der Vorgesetze schuld daran sei und er alles alleine verantworten muss. In Österreich dagegen ist den Mitarbeitern bewusst, dass sie alle ihren Betrag leisten müssen, damit das Unternehmen Erfolg hat und jeder zur Verantwortung gezogen werden kann. Dazu gehört aber auch, dass der Führer in der Lage sein muss zuzugeben, wenn er etwas nicht versteht, und dass er kompetente Mitarbeiter nach ihrer Meinung fragt und sich von diesen auch etwas erklären lässt. Dann werden alle spüren, dass sie selber etwas bewegen können und auf gleicher Ebene mit ihrem Vorgesetzten in die richtige Richtung steuern. Eine andere Führungskraft meinte, dass es zum

Teamplayer-Sein gehört, Loyalität und Respekt seinen Mitarbeitern gegenüber zu zeigen, und dass dadurch diese eine Win-Win-Situation in der Zusammenarbeit erkennen.

2 männliche Probanden waren außerdem der Meinung, dass ein erfolgreicher Vorgesetzter ein Vorreiter sein muss. Darunter lässt sich verstehen, dass er als Innovator agiert und etwas vormacht. Daher spielt seine Kreativität eine große Rolle.

Lediglich 1 männliche und 2 weibliche Befragte erzählten, dass Delegieren eine wichtige Voraussetzung sei. Dazu wurde erläutert, dass autoritärer Führungsstil nicht angebracht ist, aber der Vorgesetzte in der Lage sein muss, Aufgaben zu erteilen und dafür zu sorgen, dass diese erledigt werden.

Als letzte Antwort konnte aus den Interviews entnommen werden, dass je 1 weibliche und 1 männliche Führungskraft den Standpunkt vertraten, dass ausnahmslos jeder Führer ein guter Netzwerker sein muss. Er sei der, der das Unternehmen nach außen repräsentiert und für Synergieeffekte im Geschäftsleben sorgen muss.

	männlich	weiblich
Stratege und Visionär	6	0
Motivator	3	2
Teamplayer	4	0
Vorreiter	2	0
delegieren können	1	2
Netzwerker	1	1

Abbildung 31: Auswertung erfolgreiche Führungskraft in Österreich

Die Ergebnisse aus der Auswertung dieser Frage bestätigen die bereits in der Literatur angesprochenen Anforderungen und Erwartungen, die man gegenüber Führungskräften hat. Es ist nicht verwunderlich, dass die Strategie und die Vision eine große Rolle im Geschäftsleben eines Vorgesetzten spielen. Mitarbeiter stellen große Anforderungen an den Führer und erwarten von ihm die Vorgabe der Richtung.

3.7.3. Ergebnisse aus der Auswertung erfolgreiche Führungskraft im direkten Vergleich der Länder

Während alle Befragten aus Bulgarien die Meinung vertreten, das der „ideale" Führer ein Teamplayer sein muss, konnte dies von nur 4 österreichischen Führungskräften vertreten werden. Interessant ist dies deswegen, weil es fraglich ist, ob die Wichtigkeit von zwischenmenschlichen Beziehungen in Bulgarien auch im betrieblichen Bereich gilt, oder ob sich das nur auf die Familie anwenden lässt.

Die Managementliteratur propagiert die schwere Gewichtung der Strategie und der Vision. Während kein einziger der Befragten in Bulgarien dem einen Stellewert beigemessen hat, waren insgesamt 6 Top-Manager aus Österreich der Meinung, dass der Führer ein Visionär und Stratege sein muss. Somit war diese Antwort die, die am öftesten in Österreich zu der gestellten Frage gegeben wurde. Dieser Unterschied in den Ländern lässt genügend Spielraum, um über die Vermutungen nachzudenken, dass die Menschen in Bulgarien aufgrund der politischen Enttäuschungen und der Geschichte nicht einer Vision vertrauen, so wie Leute in Österreich es bereit wären zu tun.

Kein eindeutiger Unterschied ergibt sich aus der Anzahl der Antworten in Bulgarien und Österreich, ob eine Führungskraft in der Lage sein muss, seine Mitarbeiter zu motivieren.

Deutlich unterrepräsentativ und sehr ähnlich waren die Ergebnisse bei der Antwort, dass ein erfolgreicher Führer ein Vorreiter sein muss bzw., dass von ihm auch erwartet wird, dass er innerhalb des Unternehmens Aufgaben delegiert.

Gespür für Gutes und Schlechtes (n=3), Potenziale erkennen können und diese auch nutzen (n=3), komplexe Probleme lösen (n=2), logisches Denkvermögen beweisen (n=1) und über ein diplomatisches Geschick verfügen (n=1), das waren Antworten, die ausschließlich von den Führungskräften aus Bulgarien genannt wurden. 2 Probanden aus Österreich teilten mit, dass eine gute Führungskraft sehr gut vernetzt sein muss. Dies wurde hingegen von keinem Top-Manager aus Bulgarien genannt.

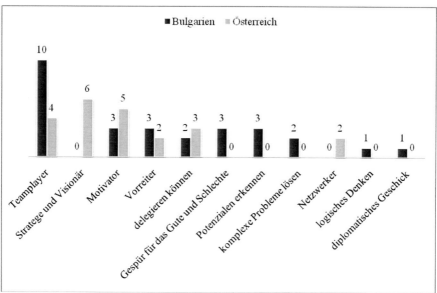

Abbildung 32: Vergleich erfolgreiche Führungskraft in Bulgarien und Österreich

Auch hier ist, ähnlich wie bei der Auswertung der Frage nach den eigenen Eigenschaften und Fähigkeiten im Kapitel 3.4, die Vielfalt an unterschiedlichen Antworten sehr groß. Im Allgemeinen kann festgehalten werden, dass, wie auch im theoriebezogenen Teil dieses Buchs beschrieben wurde, die Anforderungen sehr unterschiedlich sein können. Diese Unterschiede können sich nicht nur von Land zu Land ergeben, sondern sogar von einer Organisation zur anderen. Insbesondere soll auch die Branche, in der die Führungskraft tätig ist, berücksichtig werden. Eine grundlegende Abweichung von den Erwartungen konnte jedoch vermerkt werden. Diese umfasst die Kommunikationsskills eines Führers.

3.8. Auswertung Zusatzanmerkungen

Zum Schluss wurden die Führungskräfte gefragt, ob sie etwas zum Thema Karriere hinzufügen möchten. Demnach lautet die Frage wie folgt:

Gibt es noch etwas, was Sie zu diesem Thema hinzufügen möchten?

3.8.1. Ergebnisse aus der Auswertung Zusatzanmerkungen in Bulgarien

Eine männliche Führungskraft vermerkte, dass es aus seiner Sicht nicht so relevant wäre, zu hinterfragen, ob ein Führer negative Einflüsse im Laufe seiner Karriere erlebt hat, sondern wie er es geschafft hat, mit diesen umzugehen.

Einem weiteren Probanden erschien es wichtig zu erwähnen, wie schwer es für einen Bulgaren ist, Karriere auf internationaler Ebene zu machen. Da die universitäre Ausbildung des Landes im Vergleich zu den westeuropäischen Ländern noch deutlichen Nachholbedarf aufweist, fehlen oft Basiskenntnisse, die im Ausland gefragt werden. Überdies fehle der internationale Austausch der Studenten, denen selten ermöglicht wird, von den Studenten in anderen Ländern zu lernen. Daher kommt es oft dazu, dass ein Manager innerhalb einer Organisation wächst und sich alle Kenntnisse dort aneignet bzw. versucht, von den Kollegen im Ausland zu lernen.

Ein weiterer Manager erwähnte im Interview, dass die österreichische Botschaft in Bulgarien eine sehr offensive Hilfestellung für die Forcierung des Business in Bulgarien gibt, was sehr hilfreich für die Vernetzung der bulgarischen und österreichischen Führungskräfte ist. Dies wiederum kann sich sehr positiv auf die Karriere eines Managers auswirken. Weiters meinte er, dass jeden Monat Business-Veranstaltungen stattfinden, die die österreichische Botschaft in Bulgarien organisiert. Hingegen konnte er keinerlei ähnliche Aktivitäten der bulgarischen Botschaft in anderen Ländern beobachten.

Eine weibliche Führungskraft hielt es für wichtig hinzuzufügen, dass sie enttäuscht von der Tatsache ist, dass heutzutage die Nachwuchsmanager ihren Erfolg meistens an materiellen Werten messen. Sie berichtete, dass sie nie bei einem Ein- oder Aufstieg nach der Entlohnung bei einer Position gefragt hat, da das Geld nur der Indikator für ihre Arbeit sei. Sobald eine Organisation die Leistungen eines Mitarbeiters schätzt, wird sie versuchen, ihn langfristig zu halten, was sich wiederum in einem Aufstieg und/oder in materiellen Leistungen widerspiegeln wird.

3.8.2. Ergebnisse aus der Auswertung Zusatzanmerkungen in Österreich

Einer der Probanden in Österreich erzählte, dass er es für spannend hält, wie unterschiedlich der Erfolg einer Führungskraft gemessen werden kann. Er persönlich vertritt die Meinung, dass Erfolg nicht an einem Jahresergebnis festgemacht werden kann, und daher sind auch sämtliche Auszeichnungen[219] für erfolgreiche Führungskräfte als unseriös einzustufen. Erfolg kann aus seiner Sicht viel mehr dadurch gemessen werden, dass jemand kontinuierlich Qualität liefert, die auch dann in den Zahlen des Unternehmens bemerkbar wird.

Eine andere weibliche Befragte fügte hinzu, dass aus ihrer Sicht Karriere meistens zu einseitig gelebt wird. Wenn man verbissen nur in eine Richtung gehen möchte, fällt man meistens in ein tiefes Loch, wenn man das Ziel nicht erreicht hat. Dies konnte sie oft bei ihren männlichen

---

[219] „Manager des Jahres", „Best Manager Award" und andere

Kollegen beobachten. Daher sollte man immer flexibel für das sein, was die Karriere mit sich bringt. Interessanterweise wurde das auch von einer zweiten weiblichen Führungskraft hinzugefügt.

4. Fazit

Als Schwerpunkt der Untersuchung war festgelegt worden herauszufinden, ob sich die Einflussfaktoren auf die Karriere der Führungskräfte in beiden Ländern voneinander unterscheiden, was schlussendlich einen Top-Manager in dem jeweiligen Land ausmacht und wie sich seine Laufbahn unter den landesspezifischen Gegebenheiten entwickelt hat. Beginnend bei der Schulausbildung und den Gegebenheiten im Elternhaus, wurde bei den Interviews ein grober Aufriss über die Entwicklung der Führungskräfte gemacht. Im direkten Vergleich konnte gezeigt werden, dass sich viele Unterschiede, aber auch viele Gemeinsamkeiten im Berufsleben der Befragten in den Ländern ergaben. In Bezug auf die Einflussfaktoren konnte gezeigt werden, dass die Wahrnehmung für Einflüsse in beiden Ländern eine andere ist. Auch bei den Eigenschaften, die die Probanden als hilfreich ansahen, um es bis an die Spitze zu schaffen, konnten Unterschiede herausgefunden werden. Deutlich interessanter erscheint aber die Tatsache, dass manche Antworten in einem der Länder als ganz wichtig angesehen wurden, während sie von den Probanden in dem anderen Land gar nicht erwähnt wurden. Anschließend wurden die Ergebnisse mit den theoretischen Erkenntnissen sowie den vorangegangenen Studien in Verbindung gebracht, um herauszufinden, ob diese bestätigt werden konnten. Es ergab sich, dass dies nicht immer der Fall war. An dieser Stelle muss nochmals betont werden, dass ein allumfassender und absoluter Vergleich nicht möglich ist und auch nicht als Ziel der Untersuchung gesetzt worden war.

Anhand der empirischen Untersuchung konnte gezeigt werden, dass gewisse landbezogene Unterschiede vorhanden sind. In den Gesprächen in Bulgarien wurde mehrmals in jedem Interview das Wort „Glück" von den Probanden verwendet. Die Befragten deuteten sehr viele Geschehnisse in ihrem Leben als eine Reihe von Zufälligkeiten. Aussagen wie „zum richtigen Zeit am richtigen Ort sein", „Ich habe nicht gesucht, habe aber zufällig in der Zeitung genau diese Seite aufgeschlagen, wo ich Berichte über das Unternehmen gelesen habe", „Ich war dort wegen etwas ganz anderem, als mich jemand nebenan zufällig auf Deutsch sprechen gehört hat und gerade eine Übersetzungshilfe gebraucht hat. Er ist mein nächster Arbeitgeber geworden", oder ähnliche konnten mindestens einmal in jedem Interview verzeichnet werden. Hingegen vermittelten die Führungskräfte in Österreich mehr das Gefühl, dass sie den beruflichen Erfolg als Anerkennung für die Anstrengungen empfinden, und sie präsentierten sich im Vergleich zu den Bulgaren selbstbewusster. So wurde beispielhaft erzählt, dass sich die Probanden nach dem Studium nicht bei einem Unternehmen beworben haben, ohne konkret begründen zu können, warum sie genau dort arbeiten wollten. Die zukünftigen Arbeitgeber wurden meist sehr gezielt ausgewählt und auch aufgrund ihrer Attraktivität am Markt genauer analysiert.

Auch bei den Ursachen für den Wechsel von einer Organisation zu einer anderen konnten einige Unterschiede herausgefunden werden. Bei den Interviews in Bulgarien wurde deutlich, dass die Führungskräfte des Öfteren dann einen Wechsel vorgenommen haben, wenn sich neue Herausforderungen aufgrund des sich ständig wechselnden, dynamischen Marktes ergaben. Hingegen wurden die Führungskräfte in Österreich meist von anderen Organisationen gezielt an Bord geholt. Ein Proband aus Österreich erzählte, dass er im Rahmen seiner Tätigkeit bei einem seiner Arbeitgeber eine fachliche Auseinandersetzung mit einem anderen Unternehmen erlebt hat. In seiner Position war er dafür verantwortlich, diese Auseinandersetzung zum Wohle seines Arbeitgebers zu lösen und dadurch Kostenersparnisse zu erzielen. Der Einsatz, mit dem er an die Aufgabe herangegangen war, war von dem Mitbewerber nicht unbemerkt geblieben. Der Proband wurde zu einem späteren Zeitpunkt von diesem zweiten Unternehmen abgeworben. Weiters wurde in Österreich auch öfters auf den „Brand" eines Unternehmens Wert gelegt. Das führte schlussendlich auch dazu, dass die Führungskräfte öfters Angebote abgelehnt haben, wenn sie der Meinung waren, dass das Angebot von einem Arbeitgeber kommt, der nicht das gleiche oder ein höhere Prestige bringt. Für sie erwies es sich als sehr wichtig, wie sie unter einer bestimmten Marke am Markt wahrgenommen werden.

Überdies kann gesagt werden, dass die Dienstzeiten einer Führungskraft in Bulgarien im Durchschnitt wesentlich kürzer sind als die in Österreich. Die Bulgaren weisen aber eine deutlich dynamischere Entwicklung auf, die durch einen häufigeren Wechsel innerhalb der Branchen und der Bereiche gekennzeichnet ist.

In beiden Ländern berichteten die Führungskräfte, dass sie für eine Position meistens von Personalberatungsunternehmen angesprochen werden und es im Laufe ihrer Karriere nicht erforderlich war, sich auf Inserate hin zu bewerben. Bewerbungen auf Eigeninitiative waren in der Regel nur am Anfang der Karriere notwendig. Sobald Manager sich einen „guten Ruf" aufbauen konnten, wurden andere schnell auf sie aufmerksam.

Österreichische Probanden, die bereits in Osteuropa tätig waren, manche darunter auch in Bulgarien, beschrieben ihre dortigen Kollegen und Geschäftspartner als viel zielstrebiger. Bei ihnen könne man es sogar in den Augen erkennen, dass sie unbedingt etwas erreichen wollen. Dies hat immer einen sehr positiven Eindruck bei den österreichischen Probanden hinterlassen. Umgekehrt schätzen die bulgarischen Top-Manager die Erfahrungen aus der Arbeit mit österreichischen Unternehmen als einen sehr wertvollen Lernprozess. Öfters wurde erwähnt, dass die Genauigkeit, mit der in Österreich gearbeitet wird, noch viele Jahre in den Betrieben in Bulgarien nicht zu spüren sein wird.

In keinem der Länder konnte die Karriere konkret als etwas gedeutet werden, was von den Führungskräften von Beginn an gezielt angestrebt wurde. Viel mehr kam heraus, dass sich diese aufgrund von Fleiß und Einsatzbereitschaft entwickelt hat.

Hinsichtlich der zukünftigen Erwartungen in ihrer Entwicklung zeigten sich die Befragten aus Bulgarien durchaus positiv eingestellt. Sie können sich abseits der Führungskarriere eine Vertiefung in einem Spezialgebiet vorstellen bzw. möchten sie ihren Schwerpunkt komplexeren Themen widmen. Im Vergleich dazu zeigten sich die Befragten aus Österreich deutlich zurückhaltender mit Äußerungen bezüglich ihrer Zukunft im Berufsleben. Die weiteren Schritte werden nicht geplant. Viel wichtiger scheint die Bewältigung der jetzigen Herausforderungen eine Weiterentwicklung darzustellen. Solange sie immer noch das tun, was sie gerne tun, bedarf es keiner Veränderung der Richtung oder einer Erweiterung im Berufsleben.

Beantwortung der Forschungsfrage

Auf die Forschungsfrage (siehe Unterkapitel 1.2), die als Leitfaden dieser Studie diente, wurde im Rahmen des theoriebezogenen Teiles dieses Buches sowie auch in der durchgeführten Studie eingegangen. Die Unterschiede, die sich aufgrund der einheimischen Literatur ergaben, konnten teilweise anhand der durchgeführten Interviews in den Ländern bestätigt werden. Es konnte unter anderem auch umfassend verdeutlicht werden, wo die landesspezifischen Unterschiede liegen, welche Einflussfaktoren auf die Karriere erkannt werden und welche Eigenschaften als eine wichtige Voraussetzung gesehen werden, um an der Spitze eines Unternehmens langfristig erfolgreich agieren zu können.

Die Erkenntnis, die aus der empirischen Untersuchung gewonnen werden konnte, ist, dass sich die Führungskräfte in Bulgarien im Vergleich zu denen in Österreich hinsichtlich ihrer Entwicklung unterscheiden. Konkret konnte bestätigt werden, dass die Dynamik, mit der die Karriere einer bulgarischen Führungskraft Gestalt annimmt, eine vielfache von der ist, die die befragten Top-Manager aus Österreich vorweisen konnten. Die Karrierewege, die daraus resultierten, ergaben sich nicht aufgrund geplanter und stetiger Verfolgung einer Richtung. Vielmehr konnte ausgefiltert werden, dass die äußeren Einflussfaktoren in Bulgarien, wie die Entwicklung des Landes und der Familie, bestimmend für das Berufsleben der Probanden waren. Im Vergleich dazu konnten die Probanden in Österreich Berufswege nachweisen, die durch eine klare Linie gekennzeichnet sind, auch wenn keine Planung der Schritte im Aufstieg ersichtlich gewesen war. Weiters wurde die Familie in Österreich als weniger einflussreich auf die Karriere erkannt. Darüber hinaus wurde sie teilweise als hinderlicher Faktor empfunden. Überdies wurden die eigene Ausbildung und die Vernetzung am Markt als Einflussfaktoren wahrgenommen. Diese sind auch etwas, was von den Probanden selber gesteuert werden konnte.

Die Vergangenheit Bulgariens und die spätere Entwicklung vieler Geschäftsfelder und Branchen machen sich heute in der Karriere der dortigen Top-Manager bemerkbar. Diese weisen öfters einen Wechsel nach. Darüber hinaus konnten die bulgarischen Probanden im Laufe ihrer Karriere in der Regel mehrere Branchen kennenlernen. Nach der Auswertung der Interviews in Österreich konnte festgestellt werden, dass die Führungskräfte nach dem Studium eine bestimmte Richtung im Berufsleben eingeschlagen haben und der einmal gewählten Branche treu geblieben sind.

Nach der Gegenüberstellung und dem Vergleich der Länder zuerst in Form landesspezifischer Theorie und in weiterer Folge auf Basis der durchgeführten qualitativen Befragung in Bulgarien und Österreich konnte ein umfassendes Bild eines Top-Managers und seiner Karriere geliefert werden.

5. Schlussfolgerung

Karriere ist ein Wort, das in unserer modernen Gesellschaft immer mehr Anwendung findet. Die berufliche Entwicklung, die darunter verstanden wird, bedeutet nicht immer den Aufstieg in eine Führungsposition. Vielmehr geht es um die Selbstverwirklichung, die sich auch in einer fachlichen Vertiefung oder projektbezogenen Karriere widerspiegeln kann.

Führungskräfte durchlaufen in der Regel eine Karriere, die durch sehr dynamische Entwicklungen und eine große Einsatzbereitschaft gekennzeichnet ist. Sie treffen strategische Entscheidungen über die Zukunft eines Unternehmens und sind oft mit Aufbauarbeit beschäftigt. Dafür ist nicht nur ihr starker Wille und Fleiß gefragt, sondern öfters auch die Opferbereitschaft, die sich z. B. darin zeigt, dass auf Freizeitaktivitäten verzichtet werden muss.

Um erfolgreich Karriere zu machen, reicht nicht alleine das Streben danach. Wenn die Einsatzbereitschaft in der Erledigung der zugeteilten Aufgaben groß ist, gelingt auch ein schneller Aufstieg und man erlebt sowohl den objektiven als auch subjektiven Karriereerfolg. Unabhängig davon lassen sich aber gewisse Einflussfaktoren erkennen, die die Richtung und den Verlauf der Karriere beeinflussen können. Diese werden in den verschiedenen Ländern unterschiedlich empfunden und können sowohl externe sein als auch solche, die jemand selber steuern kann. Die landspezifischen Gegebenheiten bestimmen auch oft die Durchlaufzeiten, die die Top-Manager in einen und demselben Unternehmen verbringen.

Das ständig wechselnde Umfeld, das sich aus der Entwicklung Bulgariens ergibt, stellt die einheimischen Führungskräfte vor die Herausforderung, sich rasch an Umstrukturierungen und Änderungen anzupassen. Hinzu kommt, dass diese oft ihre Tätigkeitsbereiche wechseln müssen, wenn sie ihrer Entwicklung nicht im Wege stehen möchten. Im Gegensatz dazu sind die Führungskräfte in Österreich mit der Herausforderung konfrontiert, sich in Bereichen zu beweisen, in denen sich schon viele andere davor bereits bewiesen haben. Die daraus resultierenden Erwartungen und der Druck, besser als die Vorgänger sein zu müssen, sind entsprechend groß. In beiden Ländern kann eine erfolgreiche Karriere durchlaufen werden. Ob sich in den nächsten Jahren die Einflussfaktoren und die Eigenschaften, die eine Führungskraft in Bulgarien und Österreich haben muss, angleichen werden oder sich noch stärkere Unterschiede ergeben können, gilt auch zukünftig zu beobachten.

6. Fragebogen

Deutsche Version:

1. Stellen Sie sich bitte vor und erzählen Sie mir über Ihre Herkunft, Familie und Ausbildung!
2. Würden Sie mir bitte über Ihre Erfahrungen im Berufsleben erzählen, beginnend von Ihrem Berufseinstieg bis zu Ihrer jetzigen Position?
3. Welche Faktoren waren für Ihre Karriere besonders hilfreich oder hinderlich?
4. Welche Fähigkeiten und Fertigkeiten waren Ihrer Meinung nach hilfreich oder hinderlich für Ihre Karriere?
5. Welche Rahmenbedingungen innerhalb eines Unternehmens waren für Sie wichtig, um Karriere machen zu können?
6. Welche Themen außerhalb des Geschäftslebens erachten Sie ebenfalls als wichtig für Ihre Karriere?
7. Was macht Ihrer Meinung nach eine erfolgreiche Führungskraft aus?
8. Gibt es noch etwas, was Sie zu diesem Thema hinzufügen möchten?

Bulgarische Version:

1. Моля, представете се, разкажете за себе си, за Вашия произход, семейство и обучение!
2. Моля да ми разкажете за Вашия събран опит по време на работния Ви път, започвайки с началото на Вашето професионално развитие до сегашната Ви позиция!
3. Кои фактори според Вас в България оказват положително или отрицателно влияние върху правенето на кариера и каква роля играят семейството, икономическото положение на страната и евентуално корупционната среда?
4. Кои Ваши способности помогнаха в кариерата Ви?
5. Кои условия в едно предприятие/организация са важни според Вас, за да имате успех?
6. Кои теми извън работния Ви живот са важни за Вас и Вашето развитие?
7. Как изглежда във Вашите очи едно успешно отговорно ръководно лице?
8. Имате ли още нещо по тази тема, което бихте искали да допълните?

7. Auflistung der Interviewpartner

Interviewpartner Bulgarien:

1. General Manager eines internationalen Produktionsunternehmens mit mehr als 500 Mitarbeitern im Inland, weiblich, 60 Jahre.

2. Managing Director eines internationalen Petroleumunternehmens mit mehr als 3000 Mitarbeitern im Inland, weiblich, 41 Jahre.

3. Country Manager eines internationalen Pharmaunternehmens mit mehr als 50 Mitarbeitern im Inland, weiblich, 48 Jahre.

4. Chairman of the Board einer Lokalbank mit mehr als 4000 Mitarbeitern im Inland, weiblich, 59 Jahre.

5. Chairman of the Board eines internationalen IT-Unternehmens mit mehr als 400 Mitarbeitern im Inland, weiblich, 43 Jahre.

6. Managing Director eines internationalen Produktionsunternehmens mit mehr als 80 Mitarbeitern im Inland, männlich, 35 Jahre.

7. General Manager eines internationalen IT-Unternehmens mit mehr als 100 Mitarbeitern im Inland, männlich, 46 Jahre.

8. Business Unit Manager eines internationalen Pharmaunternehmens mit mehr als 100 Mitarbeitern im Inland, männlich, 52 Jahre.

9. Managing Director eines internationalen Produktionsunternehmens mit mehr als 50 Mitarbeitern im Inland, männlich, 55 Jahre.

10. Managing Director eines internationalen Produktionsunternehmens mit mehr als 150 Mitarbeitern im Inland, männlich, 42 Jahre.

Interviewpartner Österreich:

1. Vorstand eines internationalen Unternehmens im Gesundheitswesen mit mehr als 4.000 Mitarbeitern im Inland, weiblich, 48 Jahre.

2. Geschäftsführerin eines Tochterunternehmens, das zu den größten Bankinstituten in Österreich gehört mit mehr als 300 Mitarbeitern im Inland, weiblich, 48 Jahre.

3. Bereichsleiterin eines der größten Bankinstitute in Österreich mit mehr als 60 Mitarbeitern in der Sparte, weiblich, 47 Jahre.

4. Vorstand einer Spezialbank im deutschsprachigen Raum mit mehr als 70 Mitarbeitern im Inland, männlich, 45 Jahre.

5. Geschäftsführer eines internationalen Bauunternehmens mit mehr als 230 Mitarbeitern im Inland, männlich, 50 Jahre.

6. Geschäftsführer eines der größten Verlagsmedien mit mehr als 350 Mitarbeitern im Inland, männlich, 49 Jahre.

7. Vorstand eines internationalen Petroleumunternehmens mit mehr als 3.500 Mitarbeitern im Inland, männlich, 52 Jahre.

8. Geschäftsführer eines Produktionsunternehmens, das zu einem weltweit agierenden Konzern gehört, mit mehr als 60 Mitarbeitern im Inland, männlich, 43 Jahre.

9. Geschäftsführer eines internationalen Pharmaunternehmens mit mehr als 270 Mitarbeitern im Inland, männlich, 49 Jahre.

10. Geschäftsführer eines internationalen Transportunternehmens mit mehr als 5.000 Mitarbeitern im Inland, männlich, 50 Jahre.

8. Literaturverzeichnis

Adler, N. J./Bartholomew, S. *(1992): Managing globally competent people; in: Academy of Management Executive, Vol. 6 (3), S. 52–65.*

Alkalay, J. *(2004): Razvitieto na managerite dnes i visija za utre. Vortrag im Rahmen der Jubiläums Konferenz "10 Jahre UM-NBU Sofia", http://bam.bg/nessebar2005/Alkalay.pdf, [23.11.2011].*

Alkalay, J. *(2005): Podhod osnovan na kompetentnost i kompetenzii. Mezdunaroden forum na BAURCHR, Albena; in: Alkalay, J. (Hrsg.): Razvitieto na managerite dnes i visija za utre. Vortrag im Rahmen der Jubiläums Konferenz "10 Jahre UM-NBU Sofia", http://bam.bg/nessebar2005/Alkalay.pdf, [23.11.2011].*

Andreeva, G./Donzov, A. *(1981): Mezdulichnostnoe bosprijatie v gruppe. MGU, Moskau.*

Angehrn, C. *(1999): Die Ermittlung von Anforderungen für Top-Führungskräfte: unter Berücksichtigung der resource-based view und der market-based view of strategy content. Verlag Paul Haupt, Zürich.*

Angelov, A. *(2002): Organisazionno povedenie. Trakia-M, Sofia.*

Arthur, M. B./Hall, D. T./Lawrence, B. S. *(1989): Handbook of career theory. Cambridge University Press, New York.*

Atteslander, P. *(2008): Methoden der empirischen Sozialforschung. Erisch Smitd Verlag, Berlin.*

Berthel, J. *(1992): Führungskräfte – Qualifikationen Teil I+II; in: Zeitschrift Führung und Organisation, Vol. 61 (4), S. 206–211.*

Bertz, R./Judge, T. *(1994): Person-Organizational Fit and The Theory of the Work Adjustment: Implications for Satisfaction, Tenure, and Career Success; in: Journal of Vocational Behavior, Vol. 44 (1), S. 32–54.*

Biemann, T. *(2009): Die Bedeutung internationaler Erfahrung für den Karriereerfolg von Führungskräften; in: Zeitschrift für Personalforschung, Vol. 23 (4), S. 336–356.*

Burchard, U. *(2000): Managerkarrieren. Eine empirische Untersuchung des Karriereerfolgs in mittleren Führungsebenen deutscher Großunternehmen. Peter Lang Europäischer Verlag für Wissenschaften, Frankfurt am Main.*

Ciampa, D. *(2005): Karriere. Rat suchen – Weichen stellen – Unternehmen leiten; in Seeger, C. (Hrsg.): Harvard Businessmanager. Redline Wirtschaft, Frankfurt, S. 147–165.*

Clark, F. *(1992): Total career management. Strategies for creating management careers. MsGraw-Hill, London.*

Conger, J. A./Kanungo, R. N. *(1998): Charismatic Leadership in Organizations. Sage, Thousand Oaks.*

Counsell, D./Popova, J. *(2000): Career perceptions and strategies in the new market-oriented Bulgaria: an exploratory study; in: Career Development International, Vol. 5 (7), S. 360−368.*

Coutu, D. L. *(2004): Manager sein; in: Seeger, C. (Hrsg.): Manager. Was gute Führungskraft ausmacht, Harvard Businessmanager. Redline Wirtschaft, Frankfurt, S. 59−98.*

Cropley, A. J. *(2011): Qualitative Forschungsmethoden. Eine praxisnahe Einführung. Verlag Klotz, Eschborn bei Frankfurt am Main.*

Day, D./Harrrison, M. *(2006): Leadership Development; in Greenhaus, J. H./Callanan, G. A. (Hrsg.): Encyclopedia of Career Development. Sage, Thousand Oaks, S. 457−461.*

Derr, C. B./Laurent. A. *(1989): The internal and external career: a theoretical and cross-cultural perspective; in: Arthur, M. B./Hall, D. T./Lawrence, B. S. (Hrsg.): Handbook of Career Theory. Cambridge University Press, Cambridge, S. 454−471.*

Draganova, R. *(2005): Orientation towards Future and Personal Career Development; in Bulgarien Journal of Psychology, http://bjop.files.wordpress.com/2008/10/ruzha-draganova-doklad.pdf, [20.06.2011].*

Dragova, S. *(2007): Vraska mezdu chustvoto za lichna efektivnost i lokus na control s vaz-priemaneto na barieri pred profesionalnoto razvitie; in: Balgarsko spisanie po psihologia, Vol. 3 (1), S. 463−467.*

Dries, N./Pepemans, R./Carlier, O. *(2008): Career success: Constructing a multidimensional model; in: Journal of Vocational Behavior, Vol. 73 (2), S. 254−267.*

Erpenbeck, J./von Rosenstiel, L. *(2003): Handbuch Kompetenzmessung. Erkennen, verstehen und bewerten von Kompetenzen in der betrieblichen, pädagogischen und psychologischen Praxis. Schäffer-Poeschel Verlag, Stuttgart.*

Flöther, E. *(1994): Karriere in den 90er Jahren – Was Karriere bestimmt; in: Gablers Magazin, Vol. 11 (12), S. 20−24.*

Friedli, V./Norbert, T. *(2001): Personalerhaltung. Ein Element des nachhaltigen Personalma-nagements. Arbeitsbericht Nr. 53 des Instituts für Organisation und Personal der Universität Bern, Bern.*

Fuchs-Heinritz, W. *(2000): Biografische Forschung. Eine Einführung in die Praxis und Metho-den, 2. überarbeitete und erweiterte Auflage. Westdeutscher Verlag, Wiesbaden.*

Gattiker, U. E./Larwood, L. *(1986): Subjective career success: A study of managers and support personnel; in: Journal of Business and Psychology, Vol. 1 (2), S. 78−94.*

Gosling, J./Mintzberg. H. *(2004): Manager sein; in: Seeger, C. (Hrsg.): Manager. Was gute Führungskraft ausmacht, Harvard Businessmanager. Redline Wirtschaft, Frankfurt, S. 59−98.*

Gratan, L. *(2002): Ziznena strategia, Klasika i sitl OOD, Sofia.*

Gupta, A. K. *(1986): Matching Managers to Strategies: Point and Counter-point; in: Human Resource Management, Vol. 25 (2), S. 215−234.*

Haltmeyer, B./Lueger, G.*(2002): Beschaffung und Auswahl von Mitarbeitern; in: Kasper H./Mayrhofer W. (Hrsg.): Personalmanagement − Führung − Organisation, 3. Auflage. Linde Verlag, Wien, S.405−445.*

Harari, O./Mukai, L. *(1990): A New Decade Demands a New Breed of Manager; in: Management Review, Vol. 79 (8), S. 20−24.*

House, R./Hanges, P./Javidan, M./Dorfman, P./Gupta, V. *(2004): Culture, Leadership and Organizations. The Globe Study of 62 Societies. Sage, Thousand Oaks.*

Iellatchitch, A./Mayrhofer, W./Meyer, M. *(2003): Career fields: A small p towards a grand career theory?; in: International Journal of Human Resource Management, Vol. 14 (5), S. 728−750.*

Inkson, K./King, Z. *(2011): Contested terrain in careers: A psychological contract mode; in: Human Relations, Vol. 64 (1), S. 37−57.*

Ivanov, D. *(2008): Psihologia na liderstvoto. Universitetsko izdatelstvo stopanstvo, Sofia.*

Janev, K. *(2009): Implizitni teorii za liderstvoto: Izsledvane s prilozna nasochenost, http://psihologia.net/itl-kalin-yanev.pdf, [23.11.2011].*

Kasper, H./Mühlbacher, J./von Rosenstiel, L. *(2005): Manager-Kompetenzen im Wandel; in: Zeitschrift Führung & Organisation, Vol. 74 (5), S. 260−264.*

Kets de Vries, M. *(1995): Life and death in the executive Succession: Past, Present & Future; in: Journal of Management, Vol. 20 (2), S. 327−372.*

King, Z. *(2003): New or traditional careers? A study of UK graduates' preferences; in: Human Resource Management Journal, Vol. 13 (1), S. 5−26.*

Kirchgeorg, M./Jung, K./Günther, E. *(2007): Top-Führungskräfte − Eigenschaften, Führungs- verhalten und Herausforderungen im globalen Kontext. Arbeitspapier Nr. 196, Leipzig.*

Kirchner, B. *(1994): Benedikt für Manager: die geistige Grundlage des Führern. Gabler Verlag, Wiesbaden.*

Kotter, J. P. *(1982): The general Managers, Harvard Business School. The free Press, New York.*

Kouzes, J. M./Posner, B. Z. *(1987): The leadership challenge / How to get extraordinary things done in organizations. Jossey-Bass, San Francisco.*

Krieger, W. D. *(1995): Career Activism: The Role of Individual Activity; in: Lazarova, M./Cerdin, J. (Hrsg.): Revisiting repatriation concerns: organizational support versus career and contextual influences. Journal of International Business Studies, Vol. 38 (3), S. 404−429.*

Kuijpers, M. A. C. T./Scheerens, J. *(2006): Career Competencies for the Modern Career; in: Journal of Career Development, Vol. 32 (4), S. 303−319.*

Lamnek, S. *(2005): Qualitative Sozialforschung, 4. überarbeitete Auflage. Beltz Verlag, Weinheim.*

Lazarova, M./Cerdin, J. *(2007): Revisiting repatriation concerns: organizational support versus career and contextual influences; in: Journal of International Business Studies, Vol. 38 (3), S. 404−429.*

Levicki, C. *(1998): The Leadership Gene: The Genetic Code of a Life-Long Leadership Career. Financial Times, London.*

Levinson, H./Rosenthal, S. *(1985): CEO – Corporate leadership in action. Basic Books, New York.*

Marinova, L. *(1999): Teoretichen analiz na problema za kariernoto razvitie; in: Psichologichni izsledvania, Vol. 1 (2), S. 55−65.*

Mayrhofer, W./Meyer, M./Steyrer, J./Jellatchitch, A./Schiffinger, M./Strunk, G./Ersten-Buch, C./Hermann, A./Mattl, C. *(2002): Einmal gut, immer gut? Einflussfaktoren auf Karrieren in „neuen" Karrierefeldern; in: Zeitschrift für Personalforschung, Vol. 16 (3), S. 392−414.*

Mayrhofer, W./Schiffinger, M. *(2005): Einmal gut, immer gut? Zum Zusammenhang von Studien- und Karriereerfolg; in: Mayrhofer, W./Meyer, M./Steyrer, J. (Hrsg.): Macht? Erfolg? Reich? Glücklich? Einflussfaktoren auf Karrieren. Linde Verlag, Wien, S. 132−154.*

Mayrhofer, W./Schiffinger, M./Dunkel, A./Meyer, M. *(2005): Spieglein, Spieglein an der Wand...Zum Verhältnis von objektivem und subjektivem Karriereerfolg; in: Mayrhofer, W./Meyer, M./Steyrer, J. (Hrsg.): Macht? Erfolg? Reich? Glücklich? Einflussfaktoren auf Karrieren. Linde Verlag, Wien, S. 25−50.*

Mayrhofer, W./Spitzauer, H. *(2004): Against the wind?! Outdoor-Elemente im Rahmen von Executive Development – das Beispiel Segeln; in Kasper, H. (Hrsg.): Strategien realisieren – Organisationen mobilisieren. Linde Verlag, Wien, S. 99–110.*

Mayring, P. *(2003): Qualitative Inhaltsanalyse. Grundlagen und Techniken. Beltz Verlag, Weinheim.*

Meffert, H./Backhaus, K./Becker, K. *(2007): Top-Führungskräfte – Eigenschaften, Führungsverhalten und Herausforderungen im globalen Kontext. Arbeitspapier Nr. 196, Leipzig.*

Meffert, H./Wagner, H. *(1992): Qualifikationen und Ausbildung von Führungskräften. Empirische Befunde und Implikationen; in: Zeitschrift für Personalforschung, Vol. 6 (3), S. 352–365.*

Mey, G./Mruck, K. *(2011): Qualitative Interviews; in: Naderer, G./Balzer, E. (Hrsg.): Qualitative Marktforschung in Theorie und Praxis. Grundlagen – Methoden – Anwendungen. Gabler Verlag, Wiesbaden, S. 257–288.*

Meyer, M./Iellatchitch, A. *(2005): Über den Stallgeruch: soziale Herkunft, Lebensstil und Karriereerfolg; in: Mayrhofer, W./Meyer, M./Steyrer, J. (Hrsg.): Macht? Erfolg? Reich? Glücklich? Einflussfaktoren auf Karrieren. Linde Verlag, Wien, S. 100–131.*

Michailova, S./Iankova, E. A. *(2003): The political Networking Challeng[illegible] Business Leadership in Bulgaria; in: Journal of East European Management Studies, Vol. 8 (4), S. 397–414.*

Mumford, M. D./Zaccaro, S. J./Harding, F. D./Jacobs, T. O./Fleishman, E. A. *(2000): Leadership skills for a changing world: Solving complex social problems; in: Leadership Quarterly, Vol. 11 (1), S. 11–35.*

Nabi, G. R. *(2001): The relationship between HRM, social support, and subjective career success among men and women; in: International Journal of Manpower, Vol. 22 (5), S. 457–474.*

Nicholson, N. *(1996): Career in a new context; in: Warr. P. (Hrsg.): Psychology at work. Penguin Books, London, S. 161–187.*

Northouse, P. G. *(2010): Leadership, Theory and Practice. Sage, Thousend Oaks, London, New Dehli.*

Oswald, H. *(1997): Was heißt qualitativ forschen? Eine Einführung in Zugänge und Verfahren; in: Friebertshäuser, B./Prengel, A. (Hrsg.): Handbuch Qualitative Forschungsmethoden in der Erziehungswissenschaft. Juventa, Weinheim, München, S. 71–87.*

Papadakis, V. M./Barweise, P. *(2002): How much do CEOs and top managers matter in strategic decision-making; in: British Journal of Management, Vol. 13 (1), S. 83–95.*
Paunov, M. *(2006): Organisazionno povedenie. Ciela, Sofia.*

Peebles, M. E. (2005): *Unternehmen leiten; in: Seeger, C. (Hrsg.): Karriere. Rat suchen-Weichen stellen − Unternehmen leiten, Harvard Businessmanager. Redline Wirtschaft, Frankfurt, S. 143−164.*

Pozarliev, A. (2008): *Razvitie na manageri i lideri − podhodi pri modelirane na neobhodimite umenia; in: Balgarsko spisanie po psihologia, Vol. 1 (4), S. 506−519.*

Pozarliev, A. (2011): *Hasarchavane na refleksivnoto uchene pri razvitieto na Manageri i Lideri. Doklad ot VI nazionalen Kongres po psihologia 2011, Sofia.*

Probst, C. (2000): *Laufbahnplanung − Laufbahnmodelle. Theoretische Grundlagen − Empirische Ergebnisse. Unveröffentlichte Lizentiatsarbeit am Institut für Organisation und Personal an Universität Bern.*

Radoslavova, M. (2008): *Kognitivni predpostavki na doverieto na sluziteli v technija rakovoditel; in: Balgarsko spisanie po psihologia, Vol. 1 (4), S. 502−527.*

Rastetter, D. (1996): *Personalmarketing, Bewerberauswahl und Arbeitsplatzsuche. Enke, Stuttgart.*

Reichwald, R./Mösslein, K. (2005): *Führung und Führungssysteme. HHL Arbeitspapier Nr. 70, Leipzig.*

Saga, D. (2009): *Human Resource Management ‚Best Practices' in Europa − eine empirische Untersuchung, Dissertation am Institut für Verhaltenswissenschaftlich orientiertes Management, WU Wien, Wien.*

Sattelberger, T (1996): *Führungskräfteentwicklung: Eine grundsätzliche Positionierung im Rahmen der Unternehmensentwicklung; in: Sattelberger, T. (Hrsg.): Human Resources Management im Umbruch: Positionierung, Potentiale, Perspektiven. Gabler Verlag, Wiesbaden, S. 21−42.*

Schäfer, I. (2001): *Rekrutierung von Top-Managern: Ein ökonomischer Erklärungsversuch. Deutscher Universitätsverlag, Wiesbaden.*

Schirmer, F. (1991): *Aktivitäten von Managern: Ein kritischer Review über 40 Jahre "Work Activity"-Forschung; in: Staehle, W. H./Sydow, J. (Hrsg.): Management Forschung 1. Gabler Verlag, Berlin, New York, S. 205−254.*

Schnell, R./Hill, P./Esser, E. (1995): *Methoden empirischer Sozialforschung, 5. völlig überarbeitete und erweiterte Auflage. Oldenbourg Verlag, München, Oldenburg.*

Schopov, D./Atanasova, M. (2009): *Upravlenie na choveschkite resursi, Parva Chast. Trakia-M, Sofia.*

Schroll-Machl, S. (2009): Wie interkulturelle Kompetenzen als Erfolgs- oder Misserfolgsfaktoren bei Internationalisierungsstrategien von Unternehmen wirken können: eine wahre Geschichte zur interkulturellen Ignoranz; in: Gruppendynamik und Organisationsberatung, Vol. 40 (2), S. 166–178.

Sonntag, K. (1996): Lernen im Unternehmen. Effiziente Organisation durch Lernkultur, Innovatives Personalmanagement. Verlag Beck, München.

Stangl, W. (1997): Werner Stangls Arbeitsblätter, http://arbeitsblaetter.stangl-taller.at/FORSCHUNGSMETHODEN/Interview.shtml, [05.05.2012].

Stead, G. B. (2004): Culture and career psychology: A social constructionist perspective; in: Journal of Vocational Behavior, Vol. 63 (3), S. 389–406.

Steyrer, J. (2009): Theorie der Führung; in: Kasper, H./Mayrhofer, W. (Hrsg.): Personalmanagement – Führung – Organisation, 4. Auflage. Linde Verlag, Wien, S. 25–94.

Steyrer, J./Mayrhofer, W./Meyer, M. (2005): Karrieren. Eine Einführung; in: Mayrhofer, W./Meyer, M./Steyrer, J. (Hrsg.): Macht? Erfolg? Reich? Glücklich? Einflussfaktoren auf Karrieren. Linde Verlag, Wien, S. 12–24.

Steyrer, J./Schiffinger, M. (2005): Sieben auf einen Streich – mikropo? ?che Taktiken und Karriereerfolg; in: Mayrhofer, W./Meyer, M./Steyrer, J. (Hrsg.): Macht? Erfolg? Reich? Glücklich? Einflussfaktoren auf Karrieren. Linde Verlag, Wien, S. 78–99.

Strunk, G. (2005): Karrieren zwischen Chaos und Ordnung; in: Mayrhofer, W./Meyer, M./Steyrer, J. (Hrsg.): Macht? Erfolg? Reich? Glücklich? Einflussfaktoren auf Karrieren. Linde Verlag, Wien, S. 243–277.

Strunk, G. (2009): Die Komplexitätshypothese der Karriereforschung. Peter Lang Verlag, Frankfurt am Main.

Strunk, G./Hermann, A./Praschak, S. (2005): Eine Frau muss ein Mann sein, um Karriere zu machen; in: Mayrhofer, W./Meyer, M./Steyrer, J. (Hrsg.): Macht? Erfolg? Reich? Glücklich? Einflussfaktoren auf Karrieren. Linde Verlag, Wien, S. 211–242.

Super, D. E. (1980): A life-span life-space approach to career development; in: Journal of Vocational Behavior, Vol. 16 (3), S. 282–298.

Sydow, J./Zeichhardt, R. (2008): Führung von Netzwerken in Clustern – Anforderungen an die Führungskräfteentwicklung; in: Mühlbacher, J./Scheer, P./Schmidt, A./von Rosenstiel, L. (Hrsg.): Management Development. Wandel der Anforderungen an Führungskräfte. Linde Verlag, Wien, S. 165–186.

Thom, N. (1987): Personalentwicklung als Instrument der Unternehmensführung. Schäffer-Poeschel Verlag, Stuttgart.

Thomae, H. (1952): Die biografische Methode in den anthropologischen Wissenschaften; in: Studium Generale, Vol. 5 (3), S. 163–177.

Vatchkova, E. (2007): Human Resource Management – the Bulgarian and the International Experience. Avangard Prima, Sofia.

Von Rosenstiel, L. (2004): Führung durch Motivation; in: Kasper, H. (Hrsg.): Strategien realisieren – Organisationen mobilisieren. Das neueste Managementwissen aus dem PGM MBA. Linde Verlag, Wien, S. 17–60.

Von Rosenstiel, L. (2008): Führungskräfteentwicklung – Einige historische Perspektiven; in: Mühlbacher, J./Scheer, P./Schmidt, A./von Rosenstiel, L. (Hrsg.): Management Development. Wandel der Anforderungen an Führungskräfte. Linde Verlag, Wien, S. 11–14.

Weckmüller, H. (1999): Führungskräftebeschaffung: eine informationsökonomische Analyse alternativer Rekrutierungswege mit Hilfe produktionstheoretischer Überlegungen. Rainer Hampp Verlag, München.

Weinert, A. B. (2004): Organisations- und Personalpsychologie, 5. überarbeitete Auflage. Beltz Verlag Weinheim, Basel.

Wittwer, W./Witthaus, U. (2001): Veränderungskompetenz – Navigator in einer zunehmend vernetzten Arbeitswelt; in: Berufsbildung, Vol. 72 (35), S. 3–6.

Zimmermann, S. (2009): Rekrutierungsvorgehen deutscher Unternehmen im Bereich des Top-Managements. Rainer Hampp Verlag, München und Mering.

9. Abbildungsverzeichnis